寻味贵州

梦芝 著

北京出版集团公司

北京出版社

寻味贵州

　　贵州地处云贵高原，独特的地理位置让贵州拥有多达上万种其他地方所没有的动植物。这些动植物作为食材，被贵州人搬到餐桌上，因此贵州有天下最丰富的饮食。贵州简称黔，所以贵州饮食又被称为黔菜。

　　贵州与四川相邻，因此黔菜也深受川菜的影响，味道偏辣。不过贵州的辣与四川的辣又不相同，川菜多为麻辣，黔菜则偏酸辣。

　　黔菜的酸不是汉族人用醋调制出来的酸，而是通过食材自然发酵做成的酸汤。在贵州山区，家家户户都有制酸汤的坛子，贵州人吃酸汤就像韩国人吃泡菜一样寻常。

　　酸汤之所以在黔菜中占有如此重要的地位，是因为这里潮湿的天气让食材很容易变质变酸，贵州先民也因地制宜有了制酸、食酸的饮食习惯。贵州人离不开酸汤，就像四川人离不开辣椒、西藏人离不开酥油一样。

～～ 当然，黔菜美食不计其数，"酸"系列只是其中的一部分，还有很多不同口感和风味的美食佳肴，甜的如花甜粑、小米鲊等，有地方特色的如石锅四鳃鱼、恋爱豆腐等。贵州是一个多民族的地方，每一道美食都包含着其独特的民族文化。到了贵州，想要领略每个民族的文化和风情，除了通过旅游以外，品尝美食也是较好途径之一。

～～ 本书作者沿着贵州的美景去搜寻最具贵州特色的美食，这些美食或在都市高雅的酒店、餐厅中，或在繁华夜市的小摊上，或在少数民族的家里。在浸润着多民族文化的美景中品尝风味独特的贵州美食，真算得上是人生的一大快事。

本书特色如下。

★实用：本书详细介绍各款美食的特点，以及这些美食的地址和电话，让读者在家里就可以根据自己的口味挑选当地的美味，非常实用。

★全面：本书以贵阳为轴心，呈辐射线往四下延伸，网罗了贵州省每一个市区的美食：从繁华贵阳的传统美食酸汤鱼，到偏远安顺的糯米饭；豪华餐厅的大菜，到乡野农家的小吃。几乎囊括了贵州的所有美食。

★美味：本书让你了解口味独树一帜的贵州菜。这些菜口感丰富，菜品新颖，吸引着人们去品尝。

Part ①

贵阳
浸润在美食香气里的
"西南小香港"

有着中国森林城市之称的贵阳，是一座美食的天堂。贵阳美食
以麻辣主导，用各种香料制成的麻辣味能很轻易地激活食客的
味蕾……

Part ② 黔东南
歌舞海洋，美食飘香

"九山半水半分田，酸辣调料因缺盐。"简简单单 14 个字，却是对黔东南最详细的描述。但也正是酸辣，成就了黔东南别具一格的美味……

Part ③ 黔南
随美食到夜郎西

三都水族鱼包韭菜柔又软，荔波布依五色米饭醇又香。黄果树下杨梅汤，小吃街上豆腐美，扣肉名远扬……

Part ④ 黔西南
布依八音唱不尽美食

最复杂的侵蚀地貌区，却孕育着最丰富的美食资源。一桌独特的民族菜肴，配以布依八音，再佐一碗三合汤，这就是最美生活……

Part ⑤ 安顺
顺元古驿道上的古老美味

倘若你是外来客，一踏入贵州地界，就一定会听说这样一句话：穿在贵阳，吃在安顺。安顺有贵州人最宠嗜的小吃，也有最别致的折耳根……

Part 6 六盘水
去大峡谷寻找原味美食

西部煤都，盛产的并不只有煤矿，还有最美的原味。在盘江峡谷中，在丹霞山上，在那绿油油的草场上，到处都有最纯净的食材，随时都能品尝到最纯正的原味美食

Part 7 毕节
天然药园里的珍馐美味

在这座中国最丰富的天然药园里，有别处吃不到的美味：天下无二的鸡丝粥，世上无双的烫菜香，与众不同的脆哨面，还有琵琶一样的火腿，这些到了毕节一定要去尝一尝。

Part ❽ 遵义
赤水河边，美食人家

赤水河抚育了这座黔北重镇，赤水河水烹饪出的美食分外鲜美，赤水河边的茶场弥漫着茶的清香……

Part ❾ 铜仁
青蒿社饭，白水贡米

鲜嫩茁壮的青蒿，绿意盎然的野葱，还有田间沉甸甸的谷穗，是铜仁最美的景色。把这些美色搬上餐桌，便成了铜仁人最得意的美味……

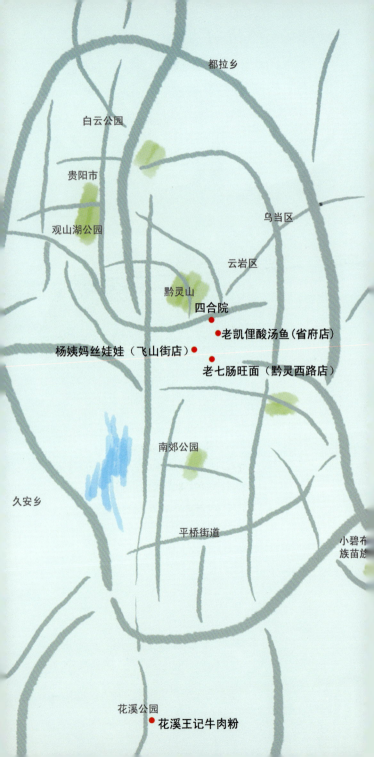

都拉乡

白云公园

贵阳市

观山湖公园

乌当区

云岩区

黔灵山

四合院

老凯俚酸汤鱼（省府店）

杨姨妈丝娃娃（飞山街店）

老七肠旺面（黔灵西路店）

南郊公园

久安乡

平桥街道

小碧布
族苗旅

花溪公园

花溪王记牛肉粉

Part 1
贵阳　浸润在美食香气里的"西南小香港"

　　有着中国森林城市之称的贵阳，是一座美食的天堂。贵阳美食以麻辣主导，用各种香料制成的麻辣味能很轻易地激活食客的味蕾……

又嫩又糯的泡椒板筋

店　　名：四合院
地　　址：贵阳市云岩区黔灵西路 34 号（近合群路）
电　　话：0851-86825419/86816375
推荐指数：★ ★ ★ ★ ★

贵阳市有一个云岩区，区里有一座黔灵公园。公园以黔灵山为主体，其间点缀有多座明清建筑。山北坡有一个麒麟洞，是抗日战争时期蒋介石囚禁爱国将领张学良和杨虎城的地方。因此只要来贵州旅游的人都会来云岩区参观。

我们从黔灵公园出来饿了，于是寻找美食便成了头等大事。朋友说，云岩区的餐馆很多，但她最喜欢去四合院吃饭，因为在那里可以吃到最有贵阳特色的美食。四合院离云岩广场仅 300 多米，从公园乘坐 1 号公交车便可以到达。

四合院在一个简陋的小巷子里，如果不是熟人带路的话，还真是不好找。四合院是一座古色古香的小楼建筑，门口挂着的一对大红灯笼很有民族韵味。虽然不处于繁华的路段，但客人进进出出，络绎不绝。朋友笑说这就是"酒香不怕巷子深"最真实的体现。我也觉得很有道理。

进到店里找位置坐下，朋友指着菜单上那些稀奇的菜品名称说："这些大多数是贵阳当地的特色菜肴。可以说，四合院就是集贵阳小吃之大成的一个地方。"在朋友的介绍下，我点了一份非常典型的黔菜：泡椒板筋。

不大工夫，服务员就把泡椒板筋端了上来。只见盘子里有红艳艳的辣椒，搭配着一种类似于肉丝的东西。但我相信，这绝对不是肉丝，应该就是菜名里面的后者"板筋"了。朋友说，所谓板筋，其实就是动物里脊上的一层筋状物。

泡椒板筋这道菜的名称很朴实，就是把两种食材名合在一起，但这道菜的味道很好。红艳的辣椒肉嫩清香，酸辣爽口，板筋滑脆鲜嫩，口感糯香。而且整道菜清亮通透，不像别的菜那样黏黏糊糊，这种通透感让人胃口大开。

这道菜既开胃又可口，是下饭的最佳菜肴。但我们没能等到米饭上桌，就把一盘泡椒板筋吃完了，而且意

新鲜的牛板筋

红艳的泡椒配上鲜嫩的板
筋糯香爽口

剁碎的泡椒

犹未尽，索性又点了一盘泡椒板筋用来下饭。我们很清楚，即使知道了食材和做法，等到离开了贵阳，也吃不到这么嫩糯香脆的泡椒板筋了，所以要趁现在能吃到，就吃过瘾才好。

之所以这么说，是因为泡椒板筋里面的泡椒。板筋全国各地都可以买到，但贵阳的泡椒在别处买不到。有"中国避暑之都"称号的贵阳市是贵州省的省会，它位于云贵高原的东部，温和的气候和优良的地质让贵阳成为一块特别适合食材生长的地方。在众多的食材中，辣椒辣香味浓，久负盛名。因为贵州地区天气潮湿，所以辣椒成熟后不易存储，于是贵阳人把辣椒制成泡椒放进坛子里。这样每家每户就都有泡椒了，吃饭的时候，弄出一碗来便可以下饭。

贵阳当地的辣椒食材，以及贵阳人制作的特殊方法，这两点是制作贵阳泡椒的关键，离开了这两点，就做不出地道的贵阳泡椒。没有了地道的贵阳泡椒，自然也就做不出纯正的黔菜泡椒板筋来了。所以我们才会在四合院连点两盘泡椒板筋，只为一次吃个够。

土豆炒脆哨，猪油渣也有独立存在的尊严

店　　名：四合院
地　　址：贵阳市云岩区黔灵西路 34 号（近合群路）
电　　话：0851-86825419/86816375
推荐指数：★ ★ ★ ★ ★

贵州人对食材的偏爱总是出人意料的，如板筋、脆哨。在别处被人嫌弃的板筋在贵州人的餐桌上却被做成嫩糯香脆的泡椒板筋，而在别处被人嫌弃的猪油渣却被贵州人当成了宝贝，摇身变成了脆哨。

四合院里有用脆哨做成的一道菜：土豆炒脆哨。刚看到这个名字时，我还以为脆哨是贵阳独有的一种食材，因为之前从来没有听说过这个名字。

朋友是地道的贵州人，她对我不知道脆哨这种东西而感到惊讶。因为对于他们贵州人来说，脆哨就相当于盐巴、白糖一样普通，没有人不知道脆哨，也没有人不喜欢吃脆哨。但当我问她脆哨究竟是什么东西时，她却故作神秘地不告诉我，还不允许我上网搜索，说一定要等到菜上来后再揭开谜底。

炸好的脆哨

在我的好奇等待中，土豆炒脆哨终于出锅了。服务员把菜端到桌子上，脆哨也揭开了它神秘的面纱：在盘子里，土豆被切成丁，青的红的辣椒被切成段，与一种黑红色的丁块食材混在一起，热气袅袅，香气四溢。

那不认识的食材想必就是脆哨了，仔细看去，那不就是猪油渣吗？但又不完全是，因为四川的猪油渣全部是纯肥油的，而这个却肥瘦参半，看样子应该是五花肉切成的肉丁。对于它是猪油渣的想法又存了几丝怀疑。

我夹起一块脆哨放进嘴里，还没有细细品尝，一股香酥焦脆的油渣香气便已经在口腔里四下蔓延开来。这下子我残存的几丝怀疑荡然无存，因为儿时家里熬猪油时，母亲总会给我用白糖拌一小碗猪油渣（据说吃这个可以养胃），所以我很熟悉这种香酥焦脆的味道。而现在口腔里熟悉的香气让我相信这就是猪油渣。

但脆哨不只是简单地将猪肉熬制成油渣那么简单，因为肉里面还有瘦肉。原来，在贵州，人们用槽头肉或是五花肉切成肉丁，下热锅熬油炸黄炸脆，便成了脆哨。贵州人用脆哨做面、配菜。无论用来做什么，食客们都很爱吃。

在很多地方，熬制完猪油后，猪油渣都会被扔掉。他们觉得猪油渣已经没有用处了，就好像吃甘蔗后吐掉的残渣一样。但在贵州，人们却赋予了猪油渣独立存在的尊严，不但没有扔掉它，反而将它当作贵州饮食中一道不可或缺的食材。

我夹一块土豆丁放进嘴里，一股香气便在舌尖蔓延开来。细细咀嚼，土豆丁外脆里粉，十分可口。而脆哨夹到嘴边还没有吃，一股浓郁的醇香便钻进鼻翼，仿佛在催人快点把它放进嘴里。脆哨的口感也是外脆内软，虽然咬到嘴角流油，却也一点儿不油腻。

由于土豆丁和脆哨都经过油炸，香香脆脆的，但内里又都很粉软，所以两者搭配着吃特别香，深得食客们的喜爱，尤其是小孩子们最喜欢吃这道菜。而且这道菜的性价比也很高，倘若到了贵阳，想要吃正宗的贵州菜，推荐点上一盘土豆炒脆哨品尝一下，应该是不会让你失望的。

美味的土豆炒脆哨

总理都赞不绝口的美味豆腐圆子

店　　名：四合院
地　　址：贵阳市云岩区黔灵西路 34 号（近合群路）
电　　话：0851–86825419/86816375
推荐指数：★★★★★

豆腐是一种遍及全世界的食材，无论你在哪里都能吃到豆腐。豆腐的制作工艺决定了它的做法通常和"水"有关，因此南北加工豆腐的方法也以焖、炖、拌居多。但到了贵州，豆腐却被用来软炸着吃，因为它圆溜溜的外形，所以取名为豆腐圆子。

到贵阳市，别的菜不吃都没关系，豆腐圆子是必须尝一尝的，因为这道菜不只是吃味道那么简单，更是吃的一种历史。作为贵州传统名小吃，豆腐圆子深受贵州人的喜爱，只要有外地人来贵州，当地朋友一定会把这道菜介绍给他们。1960 年，周恩来总理来贵州视察时，便品尝了豆腐圆子。当时他对这道菜赞不绝口，直夸好吃。经过周总理这么一夸赞，贵州的豆腐圆子便扬名天下了。知道这段历史的人，来到贵阳，都会点这道菜来尝尝呢。

黄澄澄的豆子，白嫩嫩的豆腐，瞧这一家子

　　豆腐圆子本来是雷家发明的一道菜。在清朝同治十三年（1874 年），同治皇帝驾崩后，朝廷通令全国禁屠（不准宰杀猪牛羊鸡鸭等）3 天。

　　禁屠令一出，肉类食材在市场上没有了。以开豆腐作坊为生的贵阳人雷端藻想，既然官府不准百姓吃肉圆子，那就用豆腐做成圆子来替代肉圆子吧。于是他开始摸索做豆腐圆子的经验，没过多久，他的豆腐圆子便做成功了。他将做得与肉圆子一模一样的豆腐圆子放进油锅内炸熟出售。出乎他意料的是，这小小的油炸豆腐圆子一面世就受到了贵阳人的喜爱。于是，雷家人趁机加大制作力度，而且不停地改善豆腐圆子的味道和口感。后来，豆腐圆子越来越美味，雷家的生意也越做越红火。没用多久，雷家豆腐圆子就成为贵阳闻名遐迩的小吃。

后来政府号召全民发展传统名小吃，豆腐圆子也包括在其中。于是各家饭店便纷纷制作出这道菜肴来，豆腐圆子从此再也不是雷家的独家私房菜，而是变成了贵州人的全民菜。

在四合院也能吃到这道菜，而且因为厨师做得好，这道菜深得食客们的喜爱。虽然算是一道家常口味的普通菜，但几乎每个来吃饭的食客都会点一道豆腐圆子来吃。

一盘豆腐圆子端上桌子，只见几个圆溜溜的丸子端正

好的调味是保证豆腐圆子美味的关键

洁白圆润，散发着浓郁的豆香

油炸圆子外脆里嫩的口感非常不错

地摆放在盘子里。这些丸子个儿大，而且也是标准的圆形，看上去极舒服。看豆腐圆子的外观，重点看它的颜色，肉色还杂带着一些葱末，如果不说的话，人们还以为它是四喜丸子呢。

豆腐圆子是要蘸料汁吃的，这也是豆腐圆子与其他豆腐菜系的区别，更是豆腐圆子作为贵州菜的特色亮点。因为贵州菜一般是带蘸料的，作为贵州的传统名小吃，豆腐圆子自然不能没有这种特色。

蘸料里面有许多调料，醋、辣椒油、绿葱末、蒜汁，还有一些认不出的配料，它们混在一起，散发出浓郁的香味。吃的时候，用筷子将圆子戳开，露出里面白嫩嫩的豆腐本来的样子。再把圆子夹到蘸料里过一下，然后放进嘴里，一股豆腐的清香配上蘸料的浓香，便在唇齿间荡漾开来，好吃极了。

不过，如果有不喜欢蘸料的口味的食客，也可以只吃豆腐圆子。油炸圆子外脆里嫩的口感也很不错。但我喜欢油辣子，所以觉得还是蘸上蘸料吃是最好不过的。

五彩斑斓的蕨根粉

店　　名：四合院
地　　址：贵阳市云岩区黔灵西路 34 号（近合群路）
电　　话：0851–86825419/86816375
推荐指数：★ ★ ★ ★ ★

在四合院里，我还吃过一道菜：凉拌蕨根粉。这道菜在名目众多的菜单上并不显眼，也不是最有名气的一道菜，但我只看菜单上的照片，便已经因食材搭配而喜欢上它了，那五彩斑斓的颜色，让人感觉生活也多姿多彩起来。

等到蕨根粉被服务员端上桌子来，大家都眼前一亮。因为它的颜色搭配实在是太丰富了，而且层次分明，好像一个漂亮姑娘身穿一条层次分明的彩虹裙，让人赏心悦目。

你看吧，赤褐色的蕨根粉是主打颜色，其间混配着白色的豆芽丝、碧绿的黄瓜丝，还有一种黄色的叫不上名字的菜丝，层次非常分明。而红红艳艳的辣椒段又是这五彩斑斓中的点睛之色，有了它，整道菜一下子明亮了起来。

除了颜色让人着迷之外，凉拌蕨根粉的味道更是诱人。因为是凉拌，所以里面浇了调味汁水，有一股麻油的香味。细细分辨，除了油辣子的辣香味，还有蒜泥的辣香、香醋的酸香。而香醋和辣子混在一起，会中和出一股浓郁的酸辣香来，还没有吃，就已经让人满口生津了。

将这些食材拌匀之后，夹一箸放进嘴里，又会是另一种感受。黄瓜丝脆脆爽爽，豆芽丝饱满多汁，辣椒香辣诱人，而这众多的口感掩盖不住蕨根粉的筋道爽滑。再配上香浓的调味汁儿，吃起来滑嫩爽口，酸辣鲜香。尤其是在吃过油腻的肉菜后，再吃这道蕨根粉，解腻开胃，真是很不错的一道菜。

凉拌蕨根粉的主要食材自然是蕨根粉。蕨根粉是从天然的野生植物蕨根里面提取出来的淀粉制成的粉条状的一

赤褐色的蕨根粉是主打颜色，红艳的辣椒段是点睛之色

种食材。蕨是世界上生长分布最广的植物之一，在各大洲都有这种植物做成的美食，有的地方还把蕨根的嫩叶当作蔬菜来吃。但在贵阳，人们却选择吃它最精华的部分——淀粉。

蕨根的淀粉提取和红薯、土豆等食材的淀粉提取有所不同。它是用木棒击打蕨根，将打烂后出来的浆水烘干，制成粉条，便成了独特的蕨根粉。

凉拌蕨根粉在别处也有，四川的九寨沟、陕西的汉中都有这道美食。但我觉得做得最好的，还是要数贵阳。

别看只是简单的一道凉拌菜，细品之下却让人欲罢不能。能把一道普通食材的凉拌菜做到颜色如此斑斓，层次如此分明，口感如此丰富，也算是一道成功的菜肴吧。

我后来在别处也吃到过酸辣蕨根粉，但无论是味道还是口感层次都没有四合院这家的好。我想，四合院的厨师们在做这道菜时真是用心到了极妙之处。

用木棒击打蕨根，将打烂后出来的浆水烘干，制成粉条，便成了独特的蕨根粉

丝娃娃，
一道美食的灵魂

店　　名：杨姨妈丝娃娃（飞山街店）
地　　址：贵阳市云岩区飞山街 214-2 号
电　　话：0851-85289558
推荐指数：★★★★★

到了贵阳，一定要品尝一下丝娃娃。贵阳有很多家店有这道美食，但人气最旺的据说有两家，一家是杨姨妈丝娃娃，还有一家是丝之味。听当地的朋友说，丝之味在传统小吃中融入创新的成分，比较受年轻人的青睐。而杨姨妈丝娃娃则是不折不扣的传统小吃，尤其受当地人的欢迎。我想，吃地方美食，自然是越原汁原味越好，所以选择了杨姨妈丝娃娃。

杨姨妈丝娃娃也分好几家店，人气最旺的要数飞山街这家。店里虽然只是经营丝娃娃这一道菜品，但吸引着四面八方的食客们来此品尝。因为食客太多，店内的桌椅布置都很紧凑，从过道走一下都要侧着身。但对于真正喜欢美食的人来说，只要能满足味蕾的享受，任何客观的因素都是可以克服的。

丝娃娃是由菜丝儿、面皮和蘸料构成的

丝娃娃，就是用如薄纸般的面皮包上各种蔬菜蘸着蘸料吃的一种小吃。在贵阳，各家丝娃娃的蔬菜种类都不相同，少的有10多种，多的20多种，甚至30多种。杨姨妈家的菜丝儿有18种，都切成细丝装在碟子里。菜丝儿切得极细，而且五颜六色：红、黄、绿、白、黑……鲜嫩嫩，水灵灵，看起来就想吃。

吃丝娃娃类似于在北京吃面皮卷烤鸭，又像是北方的素春卷，只不过春卷需要把馅儿全部包在面皮里，而丝娃娃则不是如此。在面皮上摆好菜丝儿，左右卷过来，下面往上收好，菜丝儿从上端露出来，像是一个个包裹在襁褓中的婴儿，"丝娃娃"便由此而得名。

我总觉得贵阳的美食都是有灵魂的：玫瑰糖的灵魂在于玫瑰花瓣，鸡辣角的灵魂在于辣椒，而丝娃娃的灵魂，则在于那碗蘸料。丝娃娃是由菜丝儿、面皮和蘸料构成的。菜丝儿是当地所产的各类时令蔬菜，面皮则是用精面粉做成的皮儿，它的唯一特点就是很薄。但如果只是这两点，那丝娃娃还是平淡无奇的。只有在加入香辣酸鲜的蘸料之后，丝娃娃才会变得活色生香起来。

蘸料，就是用葱花、蒜末、姜末、油炸脆花生、油炸酥黄豆、辣椒面、折耳根、盐、花椒油、香油、酱油、醋、味精等调料配制而成的一种料汁儿。配料多少，决定着蘸料的味道。每个摊主都有自己的配料表，不同的配料和分量使丝娃娃的口感也不尽相同。

一般吃丝娃娃时，摊主会给你勾兑好蘸料。但杨姨妈家是忙不过来的，会在食客面前摆一些小碟和小碗，让食客自己配调料。摊上的调料一应俱全，爱吃辣的往碗里盖上一层厚厚的辣椒面，不爱吃辣的就零星撒上几点，各取所需，但不要浪费。

蘸料是丝娃娃的灵魂一点不假，什么口味的蘸料决定

吃丝娃娃，包裹手法很重要哟

了什么风味的丝娃娃。自己配蘸料最大的好处便是，丝娃娃是酸辣型，还是清新型，抑或是甜香型，都由食客自己打造。

配好蘸料后，就可以开吃了。挑选几样菜品包好，浇上调好的汤汁，然后一口塞进嘴里，面皮的绵、折耳根的腥、蔬菜的清香、花生的酥脆，就着酸辣甘鲜的汤汁，在唇齿间荡漾，让人回味。

除了把蘸料浇灌到丝娃娃里面吃之外，也可以蘸着吃，还有人先把丝娃娃塞进嘴里，然后舀起蘸料往嘴里灌汁。各种吃法产生各种不同的味蕾感受，需要用心去品。吃丝娃娃还要注意一点，那就是不能把馅儿包得太多太满，否则面皮包不住就会被撑破，那样就会导致滴汤漏水，弄得满手都是汁。

但凡吃过丝娃娃的人，都会明白一个道理，那就是：吃丝娃娃不能贪心，否则就会"露馅儿"。仔细想想，吃美食倒与做人一样。

丝娃娃的灵魂，在那碗蘸料里面

不吃花溪牛肉粉，不算到贵阳

店　　名：花溪王记牛肉粉
地　　址：贵阳市花溪区花阁路 137 号
推荐指数：★★★★★

　　天下人都知道，贵州人喜欢吃粉，如果说他们无粉不欢，是一点都不为过的。因此有人说，不吃牛肉粉，不算到贵阳。在众多的牛肉粉中，花溪牛肉粉当算头牌。

　　花溪牛肉粉中的"花溪"，并不是食材，而是一个地名，在贵阳境内，那是一个有美景也有美食的地方。美景要数花溪公园，美食则要数花溪牛肉粉。花溪牛肉粉在各地开有很多加盟店，但要吃最正宗的还是要到花溪来。

　　花溪的牛肉粉店也不少，但据当地的朋友说，最好吃的只有两家，分别是花溪飞碗牛肉粉和花溪王记牛肉粉。两家的生意都很好，但要问究竟哪家好吃，是要起纷争的，因为各花入各眼嘛。我吃过花溪王记牛肉粉，味道还不错，这家店离花溪公园不远，倘若到花溪公园游玩，逛完公园出来后正好可以来这里吃饭。这附近还有各种卖小吃和摆地摊的，想要吃花溪牛肉粉的话，一定要管好自己的嘴巴，免得一路吃到粉店，味蕾已经疲劳了，再想要吃牛肉粉也品不出滋味来。

王记牛肉粉店的店面比较大，而且煮粉的速度特别快。进到店里，要先在收银处开单，然后排队取餐。因为煮粉速度快，所以即使客人很多，也不用等太久的时间。

花溪牛肉粉，去掉地名"花溪"二字，其实就是加了牛肉的粉。一碗牛肉粉里，除了白白的粉和清亮的汤，还有香香的牛肉。乍一看，还以为是我在北方常吃的兰州牛肉拉面呢。其实不然，花溪牛肉粉的配料比兰州拉面的配料要全，里面除了米粉和牛肉片，还有炖熟的牛肉丁和贵阳特有的泡菜酸莲白。在花溪牛肉粉里，酸莲白和牛肉一样重要。没有酸莲白，就吃不出花溪牛肉粉的味道来。

牛肉粉里的牛肉是真正的牛肉，吃起来有牛肉特有的鲜香，还很有嚼劲。而里面的牛筋又炖得很软，利于咀嚼。粉是新鲜的米粉，是刚轧制出来的，细嚼之下有股米粉特有的清香。吃花溪牛肉粉，还有一样东西不能忽略，那就是酸莲白。这是具有贵阳地方特色的一道泡菜，酸莲白放

花溪王记牛肉粉的店面

牛肉粉是很清淡却很香的美食

鲜香诱人的牛肉

在牛肉粉里面，除了口感清爽，很解腻以外，还给牛肉粉提味。它能将牛肉的鲜香和米粉的清香中和在一起，让整碗牛肉粉的香气变得浓郁起来。

　　厨师只在花溪牛肉粉里面放了适量的盐，因此总体来说，是很清淡的一道美食。不过香醋、辣椒等调味品都放在桌子上，供食客们自己调配。爱吃酸口的，多放点醋；能吃辣口的，就放辣椒油；倘若还不觉得过瘾的话，还可以放一些用油炸过的海椒段。随你自己的口味，可以尽情地配制味道。

　　花溪牛肉粉分量很足，食量小的一碗粉就够了，但要是食量大的人，还得要一个卤蛋，他们店里的卤蛋卤得很入味。

小米鲊，
"鲊"出贵州美食的
甜糯

店　　名：老凯俚酸汤鱼（省府店）
地　　址：贵阳市云岩区省府路 55 号（近贵山大酒店）
电　　话：0851-85843665
推荐指数：★ ★ ★ ★ ★

🍴 🌀 🧍 👫 🕴 P 📶

由于贵州人善制酸汤，所以贵州的美食口感偏酸辣，但你可千万不要以为黔菜里面就没有甜菜了。在黔菜里面，有一道名叫小米鲊的美食，是贵州菜里出了名的软香甜糯美食，包你吃了以后还想再吃，只恨自己的肚子太小，装不下太多的小米鲊。

虽然是用小米做成的，但可别小看了这道美食，它可是贵州十大名菜之一。在贵州菜里，它算得上是黔甜菜的代表了。相传当年苗王带着女儿在山寨游玩时，一个名叫喳幺的山民将小米拌上山枣，放在火塘里蒸熟后款待苗王和他女儿。苗王的女儿吃了后很喜欢，于是苗王便赐名为小米鲊，并命令喳幺将这道美食做出来让所有人品尝。从那以后，小米鲊便成了贵州苗族人的特色美食。

　　我们是在老凯俚酸汤鱼这家店里面吃到小米鲊的。当初选择去那里就餐，是因为听说那里无论是美食还是环境，都极富民族特色。等到走进店里一看，果然所听不虚：木质桌子，藤编椅子，还有身穿苗族服饰的服务员，让人仿佛一下子走进了苗家山寨里面。

　　这家店名为酸汤鱼，其招牌菜当然是贵州的名菜酸汤鱼了。但对于我来说，更感兴趣的却是小米鲊。我在广西的布泉看到过布泉酸鱼，就是利用"鲊"这种方式做成的一道美食，所以我以为小米鲊也是如此。但朋友告诉我，此"鲊"非彼"鲊"。布泉酸鱼"鲊"出来的是酸味，而小米鲊"鲊"出来的是甜糯味，二者完全不搭界。听说是甜糯的美食，我顿时来了食欲，当即点了一碗。

　　估计小米鲊是早就做好了的，所以被第一个端了上来。只见小米被蒸熟，黏黏稠稠的像是一块糕点，在盘子里泛着金黄色的光泽。这是用贵州特有的糯小米做成的，别处

小米泛着金黄色的光辉

的小米是做不出这道美食的。后来我回家在集市上买了糯小米来做，果然没做出这种味道。一方水土养一方米，一方米烹饪一方美食，果然是有道理的。

吃小米鲊可用筷子，也可用汤勺。舀上一勺放进嘴里，小米入口即化，只剩下香甜软糯的口感让人久久回味。这倒有些像四川的糯米饭，不过小米鲊要比四川的糯米饭口感好，因为它里面放入的是红糖，四川的糯米饭是放白糖的，红糖比白糖的香味要更馥郁和醇厚一些。在小米鲊里还有瘦肉，因为是和小米在一起蒸熟的，再加上有红糖浸润，所以瘦肉吃起来也不柴，反而香香糯糯的，很是爽口。

当地的朋友说，这是因为在饭店里，为迎合不同人的口味需求，所以放瘦肉在里面。传统的家常小米鲊其实是应该放入薄肥肉的。一直蒸到肥肉都化成油渗入小米里面去，让粒粒小米都被油糖包裹得亮晶晶的，那才叫一个好吃呢。

千百年来，小米鲊以其香甜软糯的口感迷倒了无数到黔寻觅美食的食客。

有些像四川的糯米饭，不过小米鲊要比四川的糯米饭口感好

翻山越岭，只为被酸汤鱼酸一把

店　　名：老凯俚酸汤鱼（省府店）

地　　址：贵阳市云岩区省府路 55 号（近贵山大酒店）

电　　话：0851–85843665

推荐指数：★★★★★

提到贵州菜，即使不熟悉贵州美食的人也会想到一道名菜：酸汤鱼。这可是黔菜系里面最著名的火锅美食。与我同行的朋友说，来到贵阳，心心念念的便是这道菜。问她为什么？她说贵州的酸汤是别处没有的，她一定要尝一尝那种独特的酸。敢情她翻山越岭来到贵州，只是为了被酸汤鱼酸一把。

在贵阳人们都说，要吃酸汤鱼一定要到老凯俚酸汤鱼餐馆。或许是因为他家的味道好，又或许是因为酸汤鱼是苗族独有的食品，而老凯俚酸汤鱼餐馆又是贵阳市里正宗的苗家餐馆，也或许二者皆有吧。反正只要是来贵阳寻觅酸汤鱼的，都要去它家点一份尝尝。因为食客太多，如果赶在饭点儿去的话，会看到排队的人里三层外三层地等候在那里，那场面真可谓蔚为壮观呢。

　　吃酸汤鱼，先要点鱼。鱼缸里大鱼小鱼都有，食客们可根据用餐人数来决定要多少鱼。点好鱼，过了秤，便开宰下锅。锅里的汤料扑腾扑腾地冒着热气，在袅袅的热气里，可见鱼肉很大很厚实，那粗犷劲儿，让人有一种回到北方吃火锅的错觉。配菜也很丰富，有金针菇、豆芽菜、酸笋、豆皮等，还有各种叫不上名来的贵州当地时令蔬菜。

　　吃酸汤里的鱼肉，要自己掌握火候，稍不注意鱼肉就煮过了。但如果吃得太心急，鱼肉又会有股腥气。煮鱼肉的火候只有掐得正好，你才能有心思细细地品味出酸汤鱼真正的滋味来。

　　酸汤鱼的特色不在鱼，在汤。在汤锅里先加入糟辣椒或酸萝卜，再配上发酵过的番茄酸，烹调出自然的酸汤。然后放入当地特有的大姜和折耳根，这样制作出来的酸汤

酸汤锅里的鱼肉很大很厚实，有一股粗犷劲儿

酸汤鱼配菜

味道鲜美，风味很是独特。但其中折耳根独特的味道对外地人来说是一个很大的考验。贵州人简直视折耳根为生命，汤里有、小料里也有。鱼肉煮熟后，蘸着用辣椒、折耳根和酱油等调味品制作的小料，一口放到嘴里，折耳根怪怪的味道率先攻占了味蕾，然后才是鱼肉的鲜嫩和酸汤的酸香。这几种味道在味蕾上中和，酸辣中透着清爽，浓香中泛着细嫩，味道简直棒极了。

据我个人的经验，吃酸汤鱼的时候，应该先喝一勺汤，让口腔和味蕾适应了酸汤的味道以后，再夹鱼肉吃。鱼肉在酸汤里煨炖，很入味，而且鱼肉很细嫩，鲜香得很。因为酸汤里面的酸中和了鱼的腥气，所以酸汤鱼里面的鱼肉是没有鱼腥味儿的。等到吃完鱼肉，再喝酸汤的话，会发现汤汁不只是酸，而是更加鲜美可口。这就是吃酸汤鱼的妙处之一吧。

翻山越岭来
吃酸汤鱼

　　由于我们要的是清汤，所以酸汤里没有放辣椒，并不辣。想要吃辣的话可以蘸料，有点辣味，会让鱼肉更有鲜味，也能中和一下折耳根那奇特的香气。

　　后来我在贵阳的街上看到各类酸汤系列的美食，比如酸汤猪脚、酸汤排骨、酸汤狗肉等，据说全是从酸汤鱼演变而来的。所以想要吃酸汤，翻山越岭来到贵阳被酸汤鱼酸一把也是值得的。

三哨合一的肠旺面，美味无比

店　　名：老七肠旺面（黔灵西路店）
地　　址：贵阳市云岩区威清门黔灵西路（近城基路）
电　　话：18786653573
推荐指数：★ ★ ★ ★ ★

到了贵州，一定要吃一碗肠旺面。虽然全国各地都有卖肠旺面的，但只有贵阳的肠旺面最正宗，因为肠旺面的起源地就在贵阳。

在 100 多年前的晚清时期，贵阳市北门桥的桥头有傅、颜两家面馆，他们用肉案上的猪肥肠和猪血旺做成面汤，以招徕买肉的顾客。每道美食都应有自己的名字，于是两家人商议给这道面汤取名为"肠旺"，取义"常旺"的吉祥意思。在两家相互竞争的前提下，肠旺面的质量越来越好，不但吸引了当地的食客，也吸引了来自贵阳各地的食客。时间一长，肠旺面便成了贵阳的名小吃。

在贵阳的时候，我们大多数时间都在云岩区，于是就近选择了老七肠旺面黔灵西路店。我们到那里的时候，已经过了用餐时间，但还有很多人在排队。根据我的经验，只要不是吃饭的点儿，又有很多食客等待，那么这家的美食一定有独特之处。

我们等了好一会儿，终于买到了面。这家肠旺面面条的量很足，比一般的汤面要多。而且汤底做得也很好，看

肠旺面是贵阳的名小吃

红面汤，白面条，嫩嫩的猪血块让人馋

上去很浓很油。但在红红的面汤里，白色的面条却根根清爽，面条上面堆着软软的肥肠和嫩嫩的猪血块，还有粒粒都透着香气的脆哨，那翠绿的葱末与红红的面汤相互映衬，让人一看就食欲大开。

在肠旺面中，主要的食材为面条，但重点不在面条上，而是在配搭的食材上。配搭的食材中，"肠"指猪大肠，"旺"指猪血，后来人们又加入脆哨。有了这三样配搭的食材，才叫一碗正宗的肠旺面。

我先喝了一口红辣油的汤头，本以为喝起来会很辣很油腻，谁知喝到嘴里才知道是红而不辣，油而不腻，十分可口。面条看似方便面，但弹性十足，而且吃起来很筋道，也很滋润，更有一股浓郁的醇香。肥肠洗得很干净，毫无异味，而且软软糯糯的，有嚼劲却并不觉得费力，很香。血旺很嫩，滑溜溜的到嘴就化。脆哨被炸出油脂，香脆得很。

我在吃肠旺面的时候，就听与我拼桌的一个当地女孩告诉我，她从小就和小伙伴们来这里吃肠旺面，基本上可以说是吃肠旺面长大的。现在小伙伴们都上学去了外地，只有她还留在家乡。每次她的小伙伴们回家，她都会和他们一起来到这里吃肠旺面。在吃面的时候，回忆曾经那些幸福的时光，是一件很惬意的事情。肠旺面对于她来说，不只是一款小吃，更承载了她成长过程中的许多美好回忆。

这家肠旺面店上午人很多，经常不到下午两点面就卖完了，所以想要去吃的话，一定要趁上午去。

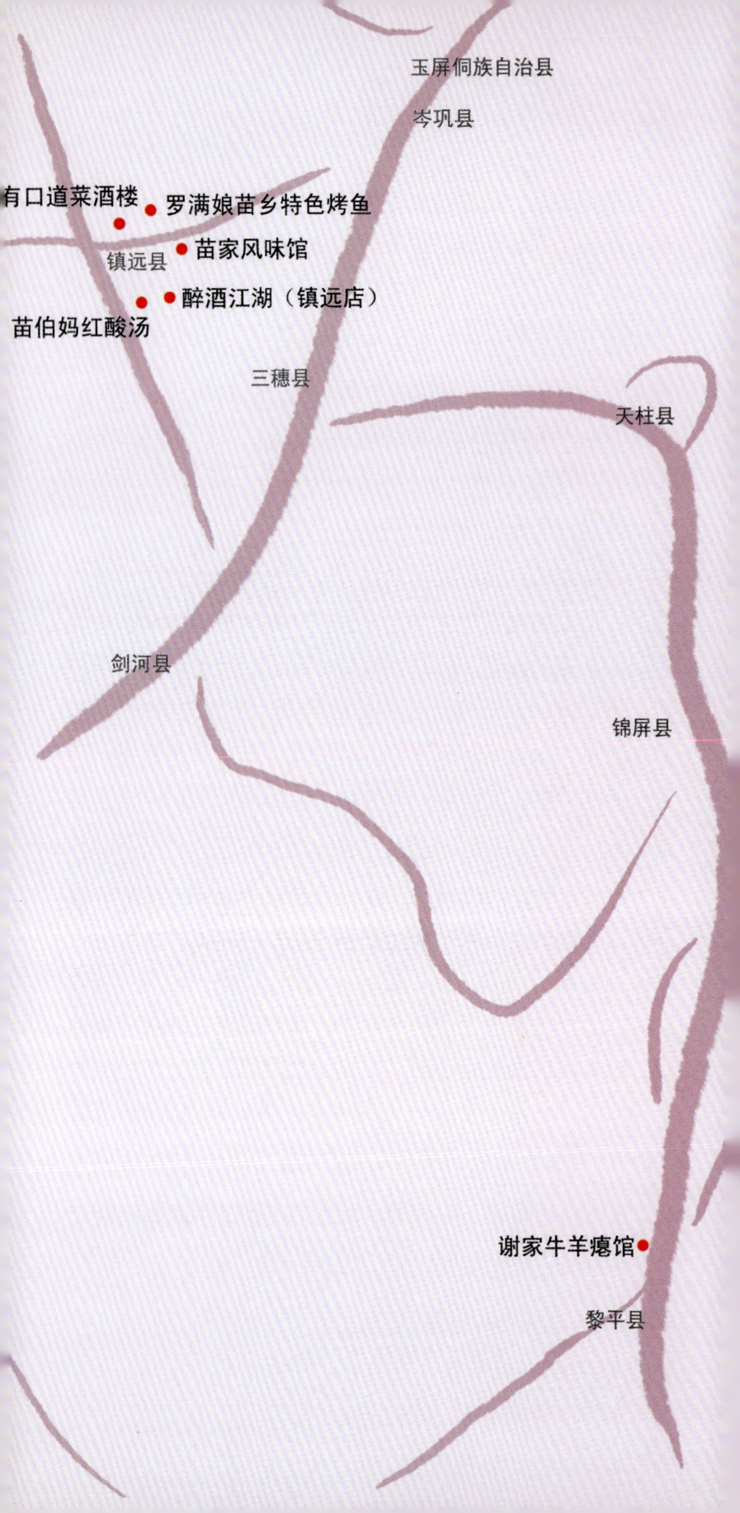

玉屏侗族自治县

岑巩县

有口道菜酒楼 ● ● 罗满娘苗乡特色烤鱼

镇远县 ● 苗家风味馆

● ● 醉酒江湖（镇远店）
苗伯妈红酸汤

三穗县

天柱县

剑河县

锦屏县

谢家牛羊瘪馆 ●

黎平县

Part 2

黔东南　歌舞海洋，美食飘香

　　"九山半水半分田，酸辣调料因缺盐。"简简单单 14 个字，却是对黔东南最详细的描述。但也正是酸辣，成就了黔东南别具一格的美味……

红酸汤，
红红火火的平民汤

店　　名：苗伯妈红酸汤
地　　址：黔东南苗族侗族自治州（后文简称为黔东南州）镇远县和
　　　　　平街商贸城内（近福家乐超市）
电　　话：13312435777
推荐指数：★★★★★

🍴 🍵 🛉 🚻 🅿

　　黔东南，顾名思义，位于贵州省的东南部，地势西高东低，海拔悬殊将近 2 000 米。大量的山水孕育了很多种食材，其中不乏奇特的美食，比如酸汤鱼、牛羊瘪、红酸汤等。

　　贵阳老凯俚的酸汤鱼虽然味道好，但动辄成百上千的开销，可算得上是一道贵族菜。而在镇远，有一种红酸汤，红红艳艳的，味道很好，但价格不贵，一个人几十块钱就可以吃到美味酸汤，因此我称之为平民汤。

　　经营红酸汤的餐馆名叫苗伯妈红酸汤，位于镇远古城里面，位置比较偏僻，但回头客很多。而且很多当地人也会为来这里的游客们推荐他家的酸汤，可见他家的红酸汤做得确实好。如果一道美食味道不好，是绝对不会有人替他免费推广的。苗伯妈家的红酸汤不仅味道好，而且很实惠，性比价很高。于是，到了镇远古镇，第一顿饭便选择了这一家，我们要去尝一尝红红火火的平民汤究竟是怎样的美味。

苗伯妈红酸汤餐馆的位置并不难找，在城门口下车，进城门后从左边巷子进去便能够找到。因为是用餐高峰期，很多当地人都在他家吃，我们等了一会儿才排上位子。虽然我们已经饿得肚子咕咕叫，但都没有嚷着去别家。好的东西总是值得等待的，不是吗？

苗伯妈红酸汤的性比价很高，在我们进到店里便已经知道了。因为墙上挂着大大的价目表，算算价格，两个人吃的话，40块钱就搞定了，这样的价格在贵阳的餐厅里只够点一份素菜的。我们点了红酸汤，一份大盘酥肉、一盘豆腐，以及蔬菜无数，然后开吃起来。

红酸汤端上桌子，首先那红红的颜色就迷醉了人的眼

香喷喷的红酸汤出锅

晴。刚开始我还以为那是辣油，但一想不对。从在老凯俚
那里我得出经验，这应该是西红柿汁，细看之下果然如此。
红酸汤就是用异国西红柿熬出来的酸汤，然后像吃火锅一
样，把肉和菜放进去涮着吃。

我在下菜之前舀起一勺酸汤尝了一下，那酸酸的味道，
就好像用四川老家泡酸菜坛子里的酸水兑出来的，酸酸的，
很开胃。而且最关键的是，这并不是用酸菜水勾兑的，也
不添加任何色素，而是真的用西红柿熬制出来的红酸汤，
因为是用自然食材，所以酸味很正点。

店里有自配的蘸料（蘸料真的是贵州菜的灵魂啊），我
在最初的酸汤里又加了一些豆腐乳和水豆豉，酸汤的味道
更加浓郁醇香了。

这可是用西红柿熬出来
的哟

红酸汤里可以放各种主料

酸汤可以下饭

　　我将酥肉放进红酸汤里涮一下，然后取出来放进嘴里，虽然酥肉是经过油炸的，本应该有酥脆的口感，但在酸汤中涮过后，口感就变得粉糯起来，很是别致。如果嫌味道还不够丰富的话，还可以蘸料汁儿吃，蘸了料汁儿的酥肉，味道酸酸的、香香的、麻麻的，而且一点也不油腻。

　　豆腐本来是不爱入味的食材，但从酸汤里涮过，就会变得很入味，吃到嘴里麻辣酸香，味道十分浓郁。

　　比起酥肉和豆腐，蔬菜的口感就比较一般了。不过也比家常涮菜味道要美味，毕竟酸汤的酸是提味的。

　　用酸汤涮菜后，用蘸料下饭，更是一种舌尖的享受。

道菜，
历久弥香的百搭菜

店　　名：有口道菜酒楼
地　　址：黔东南州镇远县古镇花园
推荐指数：★★★★★

🍽 🌙 👤 👫 ⛲ 🅿 📶

已有 2 000 多年历史的镇远古镇，位于贵州省东部，最初是"五溪蛮"和"百越人"的聚集地。从汉高祖设县，后来又经历隋唐宋元明清的监管和变更，历朝历代在这里留下大量的人文景观。

镇远不但有众多的人文景观，更有数不胜数的特色美食：豆腐笋、锅巴粉、黄米粑、灰水粑、棉菜粑、抛梁粑、粉条粑、高过河烤全羊、油炸粑、小米饭等。每一种美食都有其与众不同之处，无论你想要品尝什么样的美食，都能在古城里寻到。不过最值得尝一尝的还是镇远特有的"道菜"。

所谓道菜，其实就是腌菜。已有 500 多年生产历史的镇远道菜，据说最初是由青龙洞中的道士和道姑们所创。道家讲究养生，所以道姑们食素不食荤。但素菜清淡无味，因此她们开始腌制盐菜。经过不断的改进，加之她们比普通农家选料更加精细，也更清洁卫生，制作出的盐菜便比普通人家的质量好。因为这种盐菜是道家制作的，所以名为"道菜"。由于这种菜储藏愈久，品质愈佳，味道愈美，历久弥香，因而又称"陈年道菜"。

刚开始的时候，道菜只是道观人自己吃，从不往外流传。有一年，古镇闹饥荒，百姓们都饿得饥肠辘辘。心怀慈悲心肠的道士和道姑们把自己储存的粮食和道菜全部拿

在道菜扣肉里，道菜是主角

我是扣肉，道菜为我加盐

出来，用以给百姓们果腹。从此，美味的陈年道菜便流传于世。

我们当时是在有口道菜酒楼尝到道菜的。之所以选择这一家，是因为当时正说着道菜的事情，恰好看到他家招牌上的"道菜"二字，当地的朋友也说好吃，所以便走了进去。

酒楼里的卫生和环境都不错，在古城里比较起来算是好的，于是我们踏实地坐下点菜。他家有道菜系列，于是我们点了道菜扣肉、道菜排骨、道菜汤圆、道菜扁豆肉丝等一系列道菜美食。

在我们的翘首期盼中，服务员将菜端上来了。细看道菜扣肉跟梅菜扣肉外形差不多，只不过把梅干菜换成了道菜。碗底是道菜，上面扣着肥瘦相间的五花肉，由于道菜的介入，因此五花肉吃起来肥而不腻、瘦而不梗，咬一口，

要经过多种工序才能成为道菜

唇齿生香，而最绝的要数打底的道菜，清香、化渣、鲜美，别有风味。

道菜排骨这道菜，排骨的火候掌握得很好，吃起来酥烂入味，而且味道十分鲜香，显然食材很新鲜。而且，由于有道菜的介入，排骨的味道与平日里在家清炖的味道是不同的，肉里浸润着道菜的香气，吃起来既不会太干，也不会很油腻，很醇香。

道菜汤圆其实就是炸汤圆，汤圆糯糯的、黏黏的，咬起来很有劲，但吃到嘴里又十分柔软，仿佛轻轻一抿就能化掉一样，味道和口感都让人喜欢。一般道菜汤圆可以当作主食来吃，加之我本身就爱吃汤圆，在不知不觉中，竟然一个人吃掉了一盘，其他人看我爱吃，都没有伸筷子和我抢。

道菜扁豆肉丝里面有扁豆，这是点它的原因。虽然有肉丝在里面，但我总是把有青色蔬菜搭配的菜品称为蔬菜类。因为我每顿饭必有蔬菜，否则便觉得没有理由想吃这顿饭，而道菜扁豆肉丝恰好满足了我的需要。事实上，扁豆和道菜在一起炒出来的味道还真不错。扁豆的清香渗入道菜的醇香，少了粗糙的口感，而肉丝和道菜在一起，口感也变得更加细嫩香浓，因此这道菜很招人喜爱。

陈年道菜可以与任何一种食材配搭，除了我们在有口道菜吃到的道菜排骨、道菜扣肉、道菜扁豆肉丝外，还有道菜灌香鸡、道菜兔丁等。镇远有一种饮食叫素席，这是一种极其特别而又丰富的宴席，席上的每一道菜几乎都用到了道菜。所以说，陈年道菜是当之无愧的百搭菜。

苗王豆腐，
软中带硬有嚼劲

店　　名：醉酒江湖（镇远店）
地　　址：黔东南州镇远县新大桥美食一条街上游 60 米（近新大桥）
电　　话：18984625328
推荐指数：★ ★ ★ ★ ★

端午节前的镇远是最热闹的。因为舞阳河面上会有很多训练划龙船的，龙船上的选手们情绪高昂，锣鼓声和号子声震天响，那气势很是震撼人心。有美景，自然是需要有美食搭配，坐在临河边，一边品尝美食美酒，一边欣赏美景，才不枉来镇远一趟。

河边有美食一条街，沿着美食街往里走，有一家叫醉酒江湖的餐馆极有特色。高高挂在河边的"醉酒江湖"的幌子随风飘扬，颇有一股武侠小说里江湖的味道，而且他家占据临河的位置，可以临河观景。

老板介绍说自己是苗族人，想必苗家美食应该是最拿手的，便点了一个苗王豆腐、苗家蜂窝肉，还点了些苗家糯米酒，以及两样别的菜。据说他家的烤鱼也特别美味，但我们只有 3 个人，这些菜也足够了。还是留下一些念想，期待下一次再来吧。

苗王豆腐是第一个被端上来的菜，满盘子都是白嫩的豆腐片，只有少量的绿蒜苗夹杂其间，起了陪衬的作用，倒是用料很足，很实惠。盘子里有少量的红油汤，一看就是放了些辣油，在红油汤里，少量的绿蒜苗衬托得豆腐更加白嫩。如果一道菜的品相满分为 10 分的话，这道菜的品相也值 7 分了。

只是看外观，这豆腐和咱们家常炒豆腐差不多，但吃到嘴里才发现是不一样的。家常豆腐如果不煎一下是很软的，入嘴即化。但苗王豆腐并没有过油，吃起来却软中带硬，很筋道，很有嚼劲。但吃了好几片苗王豆腐，都感觉和纯大豆的豆腐不太一样。我想这应该不是纯豆制品的豆腐，倒是和千叶豆腐很相似，吃起来很细嫩，也很爽脆，韧性十足。

在镇远美食街上寻找苗家美味

　　苗王豆腐吃起来很滑很嫩，也很有弹性，而最妙的是这里面加入了红油。且不说红色将本来白色的豆腐衬托得更加有品相，增添了美感，单单是红油汤的辣味渗入豆腐里面，就已将豆腐的口感变得辣酥酥的了，这种搭配真是绝了。辣酥酥的味道，再加上豆腐本身的爽滑和筋道，口感很不错。倘若没有吃过的朋友，到了镇远，建议你尝一尝。

　　吃这道菜的时候，最好是配上苗家的糯米酒，甜甜的米酒，配上筋道的豆腐，简单的搭配，却是最有镇远特色的味道。吹着凉爽的风，赏着民族风情十足的景，再喝着甜酒、吃着美食，那一刻，感觉生命如此美好。

苗玉豆腐
很有弹性

你敢吃苗家蜂窝肉吗

店　　名：醉酒江湖（镇远店）
地　　址：黔东南州镇远县新大桥美食一条街上游 60 米（近新大桥）
电　　话：18984625328
推荐指数：★★★★★

如果说，苗王豆腐吃的是豆腐软中带硬的口感，那么吃苗家蜂窝肉，就是吃它的别致了。

在醉酒江湖点的几道特色菜，当其中的一道苗家蜂窝肉端上来的时候，它新颖别致的造型让我们都震惊了。在洁白的盘子里铺有一层深绿色的道菜，道菜的上面，一个个蜂窝洞模样的物体紧紧挤在一起，颜色也是土色中夹杂白色，像极了蜂窝里的蜂蜜。总之，这道菜整体看起来和蜂窝完全一样。

我在西南生活了 10 多年，后来又在北方生活了 10 多年，也去过南方，见识的菜品也不少。那些造型新颖的菜或是凤凰造型，或是山川河流，很是美观。但那大多是雕工的功劳，视觉上虽然很惊艳，但觉得太假，像这道菜这样逼真的倒是不多见。厨师精妙的创意，让我们不由得惊

我是莲子，是蜂
窝肉的精华哟

哼！没有我肉片，莲
子也只能是一粒莲子

叹："这真是名副其实的一道菜！"

尝过蜂窝肉后会明白，苗家蜂窝肉可不只是外形慑人
这么简单，口感也是极其新颖的。

那土色的东西是又长又薄的肉片，看上去肥瘦相间，
应该是五花肉吧。中间的白色是一粒珠子，每粒珠子都有
一个洞，想必是把珠子中间的核去掉了。后来吃到嘴里才
知道，原来这是莲子。肉片将莲子卷成肉卷，20 多个肉卷
挨在一起，就成了苗家蜂窝肉。

夹起一个肉卷放进嘴里细细品尝，肉片的味道与道菜
扣肉的味道是一样的。细想之下，我忍不住笑起来，其实
这就是加了莲子的道菜扣肉啊。但这个肉片比道菜扣肉要
清爽些。因为加了莲子的缘故，莲子把肉里的油都吸收了，
所以肉片吃起来不是那么腻人。而莲子因为吸入了油，所
以更加粉糯，更加清香。将莲子裹在肉片里一起放进嘴里，
那口感又爽糯，又粉香，非常好吃。

虽然前面已经吃过道菜扣肉，也说了很多关于道菜的
话题，但在这道菜里，还是有必要提一提的。因为没有它

的话，裹着莲子的肉卷是不可能这么美味的。道菜在肉片下面，采用蒸的方法，使道菜的香气上升并渗入肉片和莲子中，所以肉片和莲子都有一种醇香。而肉片的油和莲子的清香又浸入道菜里，所以道菜很绵软、很清香。比起道菜扣肉，苗家蜂窝肉的口感更加繁杂，也更香浓。所以到了镇远，建议你也一定要吃一吃苗家蜂窝肉。

有很多人吃过这道菜后，总以为道菜就是芽菜，其实这种想法是错误的。芽菜是四川宜宾出产的，而道菜是镇远一种特殊的青菜。虽然口感差不多，但制作的原材料是不同的。

如果说只能去黔东南才能吃到苗王豆腐，那么我们可不是非要去黔东南才能吃到苗家蜂窝肉。道菜在镇远名为陈年道菜，其实在各地的超市也能买到。买一袋陈年道菜，再买一些莲子和五花肉，咱们在家也能做蜂窝肉吃。

蜂窝肉在此，尝尝美味不

干锅带皮牛肉，
干锅之最

店　　名：醉酒江湖（镇远店）
地　　址：黔东南州镇远县新大桥美食一条街上游60米（近新大桥）
电　　话：18984625328
推荐指数：★ ★ ★ ★ ★

黔东南出产天麻、太子参等名贵中药材，也出产牛肉、羊肉等动物食材。说起牛肉，其实在整个贵州饮食中占有重要的位置，花溪的牛肉粉是最好的见证。而在黔东南，牛肉在饮食中也是主角。

只不过，去黔东南前，朋友就说过，在黔东南吃牛肉的话最好是吃带皮牛肉。问他为什么？朋友笑着解释说："一般吃过黔东南带皮牛肉的人，没有不夸它口感好的，而且又嫩。原因嘛，是因为它是用幼牛崽做的。因为是幼牛，所以肉很嫩，肉皮吃起来又很有嚼劲，比一般的牛肉好吃得多。"

我们在镇远的醉酒江湖餐馆里，看到有酸汤牛肉、芹菜牛肉丝、干锅带皮牛肉。因为之前朋友的提醒，所以我们点了一个带皮牛肉。这道菜有意思的地方是和酸汤鱼之类的菜肴一样按斤卖，而不是按份点。不过后来想想菜名前面的"干锅"两个字，也就明白了。好像干锅系列的美食，大多都是按斤卖的。因为我们人不多，便只点了一斤半。

等干锅带皮牛肉冒着热气端上餐桌，我们才发现一斤半牛肉也有好大一份，因为其中还配有豆芽、萝卜条之类的蔬菜。随着袅袅的热气，浓郁的牛肉香气也在空气中荡漾开来。如果说苗家蜂窝肉的主角分别是肉片、莲子和道菜，那么干锅带皮牛肉的主角就是带皮牛肉了，无论干锅里面有多少配菜，无论配菜有多么艳丽的颜色，都会被带皮牛肉的香气比下去。

只见带皮牛肉被切成薄薄的肉片，夹杂在配菜里面，那样子倒像是猪肉片一样，但吃起来比猪肉片的味道要香浓很多。肉片很细嫩，入口化渣，而肉皮却很筋道，需要

干锅里的牛肉香气无与伦比

色香味俱全的带皮牛肉

细细咀嚼，越嚼越香。同一肉片，吃出两种截然不同的口感，可能也就是带皮牛肉才能做到吧。我吃过四川的干锅兔、干锅鸭，也吃过北方的干锅鸡。虽然味道都很香浓，但比起干锅带皮牛肉，口感都差了那么一点，因为它们不能让舌尖同时感受到肉和皮这两种食材的特色。所以我觉得，干锅带皮牛肉当属干锅之最了。

　　肉片除了上面两种特色以外，还很香辣。朋友说，贵州是吃辣椒的地方，所以厨师的口味都比较重。但我觉得牛肉就是要配点辣味才好，不但可以盖住牛肉特有的那种膻气，而且更能激发出牛肉的醇香。

　　带皮牛肉虽然很香，但如果有老人的话，可能嚼起来有些费劲，所以不建议老年人点这道菜。

豆花烤鱼，
一腌二烤三煨炖

店　　名：罗满娘苗乡特色烤鱼
地　　址：黔东南州镇远县新中街新大桥桥西
电　　话：13985286789
推荐指数：★★★★★

在贵州，鱼一般都被厨师用来做酸汤鱼。而在黔东南，鱼还能烤着吃。这可不是电视剧里那样简单地在火上烤烤就拿来吃的那一种，而是经过很繁琐的程序做出来的一种美食。

镇远经营烤鱼的餐馆有很多。还在去镇远古城的路上，我就听同车的人说，去镇远古城吃烤鱼，最好是去罗满娘苗乡特色烤鱼店里吃。一是烤鱼味道好，二是位置临河可以赏风景。于是在傍晚时分，我们找到了这家餐馆。

罗满娘苗乡特色烤鱼餐馆在古城的城门口桥下，坐在河边可以看到宽敞的河道和横跨河面的大桥，桥对岸是飞檐峭壁的建筑，古色古香的很有韵味。我们和老板说了一下，然后搬了一张桌子放在河岸边，河水清清，凉风徐徐，一边赏景，一边品美食。这是在镇远最大的享受，在别处很难体验到。

我们点了一道豆花烤鱼。老板娘人很好，很热情，而且最值得称道的是，鱼是现点现宰，这不但保证了分量无欺，而且保证了食材的新鲜，一般新鲜的食材做什么都不难吃的。点好鱼，老板便拿到屋后面宰杀。作为一名食客，吃豆花烤鱼最需要的是耐心等待。把鱼清理干净后需要先用调味品腌制一下，入味后拿到炭火上烤，然后再炖。整个过程需要半个小时左右，但为了舌尖上的享受，等待是值得的。

半个多小时过去了，烤鱼也熟了。只见不锈钢盘子里是一片红汤，红汤中间是白花花的豆花，其间夹杂着点点红辣椒酱，豆花上撒了一层花生，还有绿油油的香菜。而豆花的下面则是烤鱼。因为豆花太多，所以烤鱼只露出一条尾巴在外面。尾巴上黑乎乎的颜色证明它刚才被烤过。

先舀一勺豆花放进嘴里，很鲜很嫩，口感很好。花生配搭得很好，一口下去，豆花在嘴里化掉后，剩下花生很有嚼头，不至于在咽下豆花后嘴里空荡荡的，没有回味的余地。而且花生经过处理后吃起来很香浓，让人有一种欲罢不能的感觉。

豆花烤鱼就是这么富有内涵

先把鱼烤出香味

再盖上红艳艳的辣椒

　　吃烤鱼之前，能看到有一层黑色的东西漂在汤里，在白色的豆花和红汤里很显眼。不要担心，这是烤鱼的那层鱼皮在炖熟后脱离下来的。因为是亲眼看到老板制作的整道菜，所以这一点是能确定的。别看这层鱼皮黑乎乎的不入眼，但烤鱼经过的"腌、烤、炖"这三道烹饪程序的着力点都在鱼皮上面，所以味道很不错，酥酥的、香香的、绵绵的。只不过很多食客看它黑乎乎的太丑陋，便不喜欢，而是喜欢下面的鱼肉。虽然经过烧烤程序，但因为鱼皮没有了，所以鱼肉完全看不出烧烤过的痕迹，吃到嘴里却有一股烧烤的干香。因为是煨炖的，所以鱼肉并不发干，而且肉质很鲜很嫩，口味很奇特，没有一丝腥气，我想除了一腌二烤三煨炖，还有就是因为在这里海拔比较高，而且生态环境也很好的缘故吧。

　　等到吃完烤鱼，回头看古城已经是一片灯火辉煌。吊脚楼和楼上红灯笼的倒影映在河里，美得令人迷醉。

竹筒饭，
巧遇儿时的竹香

店　　名：苗家风味馆
地　　址：黔东南州镇远县上河坝街（进城门洞右转 100 米左右，新
　　　　　 大桥往上游 100 米左右）
电　　话：13595579976
推荐指数：★ ★ ★ ★ ★

　　　黔东南是一个多民族聚集的地方，地区内共有 30 多个民族。各民族的饮食习惯不同，所以黔东南的饮食也是多种多样的。由于大家居住在一起，所以饮食烹饪和制作上也会相互交流沟通，所以很多民族都会做出同一种美食来。竹筒饭便是这样的一道美食。

　　据说竹筒饭最早是由傣族人创造出来的，但后来黎族、苗族等民族都会制作这道美食了。我们在镇远古城也吃到了这道让各民族都认同并喜欢的美食。

　　镇远古城里经营竹筒饭的餐馆并不多，而位于新大桥上游的苗家风味馆便是其中一家。我们从新大桥下游沿河往上，一路走，一路寻觅美食。走了大约 100 米，我们找到了这家风味馆。餐馆里菜单上的竹筒饭深深地吸引了我。

竹筒饭泛着竹香味

我自小在四川长大，那是一个漫山遍野长满竹子的地方，竹子的清香一直伴随着我的童年。只是后来到了北方，就再也看不到竹子了。现在忽然看到竹筒两个字，我竟是走不动路了，非要吃一吃，也算是解了那份竹子情结，于是便走进去点了一份竹筒饭。

竹筒饭是早就做好了的，可随点随吃。服务员端上竹筒饭，只见竹筒很精心地包裹在一层竹叶里面，绿油油的。竹筒看上去颜色发黄，并不是新的，而竹叶却是新采摘下来的，泛着一股浓郁的竹香味。这对我来说是一个惊喜，我万万没有想到就这样巧遇了儿时的竹香，还没有打开竹筒，我已经馋得直咽口水了。

打开竹筒，一股香气便迎面扑来，只见糯米饭泛着油光，紧紧地抱成一团窝在筒里，安静地等着人来品尝。吃一口，米饭芬芳，软而适口，很黏很糯，还透着竹子的清香，而且这股香气比我儿时在家吃的竹筒饭还要香，说它异香扑鼻是一点儿都不夸张的。

我吃到的竹筒饭是加糖的，甜甜的，而且不需要配菜，因为这样的竹筒糯米饭只要品尝甜味和竹筒的清香味就足够了。

还有一种竹筒饭是加入腊肉、山鸡肉等各种肉类做成的竹筒肉香饭，这样的肉香饭不但有竹筒饭特有的异香，还有肉的浓香，而且口感很醇厚。肉香饭配一碟咸菜来吃，是最好不过的了，因为肉香、米香和竹香，混在一起很浓郁，也会让人觉得腻，但咸菜的咸味和寡淡，正好能调和这股油腻。

我儿时吃过的竹筒饭的做法是，砍下一棵竹子，锯下一节竹筒，竹筒两边都要留竹节，然后在竹筒侧面开一个口，吃竹筒饭的时候，把那个口掀开就可以了。而这个竹筒饭有所不同，只留了一个竹节，另一端是空洞，然后从中间剖开，这样吃起来更方便。我当时还在暗暗嘲笑制作这个竹筒的人不够聪慧。但吃过饭后我才明白这样做的道理。因为用两头都有竹节的竹筒经常煮饭的话，时间长了竹筒的香气也就淡了。而只留一个竹节，另一端用新鲜竹叶包裹饭，在蒸饭的过程中，新鲜竹叶的清香就会浸润到饭里面，从而保证每一个竹筒饭都有浓郁的竹香。

用这种方法，竹筒使用的周期会长很多。想想儿时经常换竹筒，反而是一种浪费了。

节节竹筒饭，
口口味道美

大众早餐灰水粑

品　　名：灰水粑
地　　址：黔东南州镇远县城各早摊铺、街边小店
推荐指数：★★★★★

在黔东南的侗族，以前过年的时候必定会做一道美食，这道美食的意义对于侗族人来说，和北方大年初一必吃饺子一样重要。这道美食的名字叫"灰水粑"。在黔东南，人们过年最重要的一道仪式便是做灰水粑。他们把大米和草木灰按照一定的比例放在一起浸泡，利用草木灰里的碱来浸润大米。然后用浸泡过的大米磨浆，并放进锅里蒸熟，就成了灰水粑。

在过年的那几天，无论你进到黔东南地区的哪一户人家，都能看到制作灰水粑的场面。他们做出很多灰水粑来浸泡到水缸里，以便在整个正月食用。有客人登门拜访，主人必定要拿出灰水粑来款待客人，否则便是不热情，是一件很失礼的事情。

在镇远古城，早餐的种类很多，各种粉、各种面，还有各种粑，其中就有灰水粑。可能是因为它太能融入百姓

的生活，也可能是因为它不足以撑起一个大的店面来，所以几乎所有大餐馆里都找不到这道美食，反而是街边那些没有名号的小店、小摊位上，随处可见到灰水粑的身影。

灰水粑分两种，一种是绿色，一种是土黄色，别看土黄色灰头土脸的样子，这可是灰水粑的本色。但绿色的灰水粑吃起来也尽管放心，因为那是加了菠菜等绿色蔬菜汁透出来的叶绿色，是很健康的绿色食品。

摊主们在家做好一个个灰水粑，出摊的时候，把它们整齐地摆放在摊位上，供食客们挑选。选中哪一个，摊主就会切哪一个给你吃。看外观，那种的灰水粑像是北方用刀切出来的馒头，不过不是发酵多孔的，切开后的灰水粑倒像是四川的凉粉一样。摊主把灰水粑切成一条一条的，然后倒进开水里煮透，再捞出放入盛有油汤的碗里，拌上调味汁就可以吃了。油汤分好几种，有骨汤、番茄汤，还

灰水粑切好后和凉粉有几分相似

灰水粑浸泡在浓汤里,味道非常鲜美

有紫菜汤,你喜欢哪一种可以随便挑。灰水粑吃起来有一股大米的米香,还有微微的碱性。一般我们是吃含有微碱性的馒头,含有微碱性的大米还是头一次吃,感觉风格独特极了。灰水粑可以热吃,也可以冷吃。热吃的话,香嫩柔软,晶莹发亮,吃起来很爽滑;要是冷吃的话,就和吃米豆腐口感差不多,香嫩可口,再配上各种调味汁,风格很独特。如果再配上骨汤的话,浓香的骨汤渗透到灰水粑里面,那味道鲜美得很。

别看灰水粑只是一道用草木灰做成的美食,但它在贵州的饮食中具有很重要的意义。当天津人提到耳朵眼炸糕,北京人提到庆丰包子,重庆人提到麻辣火锅时,贵州人一定会提到灰水粑。

牛羊瘪，
不一样的瘪之香

店　　名：谢家牛羊瘪馆
地　　址：黔东南州黎平县清泉大道 54 号
推荐指数：★★★★★

很早之前就知道，黔东南有几种口味很重的美食，一是鼠肉，二是牛羊瘪。光听名字，人们对前者就会很了然，对后者却很茫然，不知道是一种什么样的食材。我对鼠肉比一般的食客要多了解一些，但从来没有听说过牛羊瘪，究竟为何物？

后来我在黎平县的谢家牛羊瘪馆看到这道菜，才对牛羊瘪有了大致了解。在黔东南州的黎平县、榕江县和从江县一带，人们将牛羊宰杀后，取出它们胃里和小肠里的没有完全消化掉的草料，倒进木盆，用纱布过滤几遍，去尽草渣后，剩下的黄绿色的苦涩汁液就是牛羊瘪。说白了，其实就是用牛羊胃中的消化液制作而成的食材。

牛羊瘪在外地人看来，蒸熟后是一款重口味的食材，一般人是不敢轻易尝试的。但在黔东南当地人眼中，牛羊瘪是美味又养生的食材。因为牛羊爬的是高险的山峰，吃的是最好最鲜的草料，而且它们吃百草，这些草在牛羊的肠胃里反复调和，像在一个煎药的大药罐里熬出的药。当地俗语说："杀羊先分瘪，无瘪味全无。"由此可见当地人有多么重视牛羊瘪这种食材。

　　牛羊瘪可以生吃，也可以熟吃。生吃为生瘪，就是直接用瘪凉拌蔬菜。用生瘪拌出来的凉菜色泽十分鲜艳，但腥气十足，而且苦味十分浓烈，外地人根本就适应不了这种奇怪的味道，但当地人却食之如蜜。把瘪做成熟的，就能够适合外地人的口味了。牛羊瘪制成的熟食又分两种，一种是以花椒、生姜、芫荽、橘皮、大蒜、朝天椒等配料油煎加米酒熬成的瘪酱，还有一种是瘪盐碟，作为蘸料吃。

　　我们在黎平县的谢家牛羊瘪馆点了一盘干锅羊瘪，在干锅羊肉里加入羊瘪调味。很快，干锅羊瘪端上桌子，一盆红褐色的羊肉片，上面透着隐隐约约的黄绿色，色泽十

厨师正在用牛羊瘪烹饪美食

分诱人，闻起来香味也十分浓郁。细细品味，干锅羊瘪肉片很细嫩，很鲜美，只是有一丝淡淡的苦味，但越嚼越香，吃到最后，香味变得特别浓烈。等到一顿饭吃完，只觉得满口溢香，很是奇妙。难怪吃过牛羊瘪的人会这样夸赞它："未煮之前臭草味，正煮之时牛粪味，入口之初微苦味，饭后才知菜香味。"

后来听说，吃牛羊瘪的话，最好是吃汤锅牛羊瘪，这样就既可以保证牛羊瘪的营养成分不挥发，也能保证把牛羊瘪全部喝进肚子，达到去热助消化的作用。

一般在榕江县城和黎平县城里，才有牛羊瘪供食客们享用，在外地餐馆也偶尔有一家两家卖牛羊瘪的，但不知道味道有没有黎平县的好。

独特的牛羊瘪

用牛羊瘪做出的美食

重口味却很美味的
老鼠肉

品　　名：老鼠肉
地　　址：黔东南州黎平县各餐馆
推荐指数：★ ★ ★ ★ ★

在黔东南州的黎平县，有一座黔东南最大的侗寨，名为肇兴侗寨。肇兴侗寨在建筑上有气势恢宏的鼓楼群和精美如艺术品的风雨桥，在饮食上则有让人听来心惊的鼠肉。我知道在闽西的石壁饮食中也有鼠肉。石壁所在的福建省宁化县距离贵州的黎平县有 1 000 千米之遥，而在饮食中却都有鼠肉这种食材，想想觉得很有趣。

很多人一听说鼠肉就和我最初一样变了脸色，要知道老鼠肉中可是有很多细菌的。但事实上此鼠肉和我们日常说的老鼠不是一回事。我之前在《舌尖上的中国·古镇篇》中看到，老鼠分 3 种：山鼠、田鼠和家鼠。但到了肇兴才知道，还有一种名叫竹鼠。肇兴位于低凹处，两面全部是高山，山间树林茂密，竹林丛生，很适合老鼠生长。而且这些鼠以竹子、山果为食，所以瘦肉多，味道美。因此当地

鼠肉架在火炉上烤
一烤就是美味

人便将它们捕来做成美食，一方面满足了舌尖味蕾的享受，另一方面使庄稼免遭践踏，维持了生态环境的平衡。

很多人担心吃老鼠不卫生，其实不能吃的是家鼠，因为它们在阴沟或垃圾堆里生活，所以身上携带着各式各样的细菌和病毒，正是这些细菌和病毒给人类带来致命的危害。山鼠和田鼠相对来说比较干净，因此它们是做老鼠肉干的原材料。而竹鼠又与其他 3 种鼠类不同，它体大肉多，味道鲜美，营养丰富，毛皮绒厚柔软，有较高的经济价值和药用价值。所以比起山鼠和田鼠，竹鼠又要珍贵许多。石壁地区做鼠肉用的是田鼠，而肇兴做鼠肉用的则是竹鼠。从这个角度来说，肇兴鼠肉又比石壁的鼠肉要优质一些。

肇兴人是用竹子做成的工具来捕捉竹鼠的，而且他们也能因为捕捉竹鼠而获得很好的经济收益。在肇兴或者黎平县，有餐馆专门卖鼠肉，他们将当地人捕捉的鼠收上来，然后再以二三十一公斤甚至更高的价格卖给食客们。

石壁人制作鼠肉的方法是，用烟熏火烤的方式将其做成鼠干。而肇兴的鼠肉也有做成鼠干的方法，熏烤出来的鼠肉变成金黄色的肉干，像是熏鸽一般油亮透红，而且还散发着一股咸香的味道。

我在石壁就不敢吃鼠肉，在肇兴，这个壁垒同样打不开。倒是同行的朋友们吃了很多，他们在黎平县的一家饭馆里吃过油炸鼠肉和黄焖鼠肉。

油炸鼠肉就是在从油锅里炸出来的金黄色鼠块上撒一层椒盐，若只看品相，而不知道是鼠肉的话，一定会让每个食客都垂涎欲滴。但胆小的我，只要想到是鼠肉，便就此打住，再不敢生非分之想。而对于胆大的朋友，此刻却正是品尝美味的开始，他们夹起鼠肉块放进嘴里，就像吃炸鸡块那样，从骨头上啃下肉来，细细咀嚼，一边吃，一边直夸美味。我问他们是什么味道？他们告诉我说，吃起来椒香浓郁，肉质酥嫩，美味得很呢。

而黄焖鼠肉看品相，倒像是与黄焖鸡的做法有些相似，不过，肉块更小一些，但肉更瘦，里面有酒、花椒等调味品，闻起来很香。朋友吃了一块，就强烈建议我尝一尝，

鼠肉比鸡肉和猪肉还要香哩

但我哪里有那个胆子。朋友告诉我说，这肉比鸡肉更鲜更嫩，而猪肉和它简直就没有可比性了。

听了朋友们的吃后感，我在想，这个应该和石壁的鼠肉一样，味道都很不错，可以和鸡肉的味道相媲美。

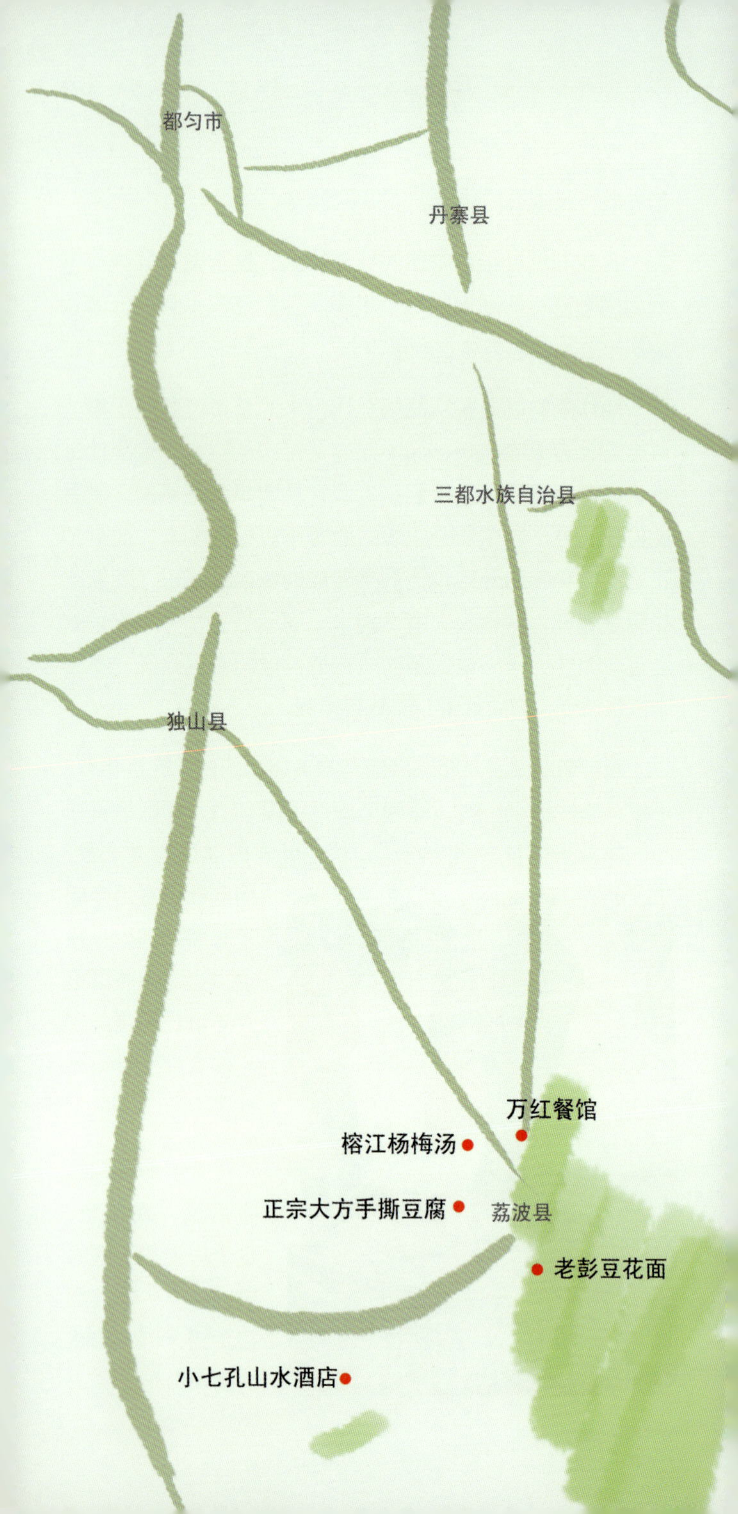

都匀市

丹寨县

三都水族自治县

独山县

万红餐馆 ●

榕江杨梅汤 ●

正宗大方手撕豆腐 ● 荔波县

老彭豆花面 ●

小七孔山水酒店 ●

Part 3

黔南　随美食到夜郎西

　　三都水族鱼包韭菜柔又软，荔波布依五色米饭醇又香。黄果树下杨梅汤，小吃街上豆腐美，扣肉名远扬……

三月三的五色糯米饭

品　　名：五色糯米饭
地　　址：黔南布依族苗族自治州（后文简称为黔南州）荔波县街边
　　　　　饭店
推荐指数：★ ★ ★ ☆ ☆

在黔南州的荔波县境内，有百分之八十的居民为布依族人。在布依族人的饮食中，有一款美食五彩斑斓，十分迷人，这就是五色糯米饭。我有个朋友就是荔波县的布依族人，她告诉我，在她童年的时候，每到三月三，家家户户都要做五色糯米饭。她和小伙伴就会一起拿着各家的糯米饭比赛，看谁家的糯米饭颜色更艳丽更明亮，那时候真快乐。只可惜现在她已经离开家乡 20 年了，20 年没有回家过三月三节，也就有 20 年没有吃到家乡的五色糯米饭了。

朋友还说，五色米饭在当今世界只有他们布依族人才能做出来。等她有钱了，一定要在北方开一家五色米店，她要让北方人知道那些颜色不是色素，而是用山里的各种能食用的植物的汁液染出来的，对身体有益而无害，她要让别的地方的人也能吃到布依族人的五彩斑斓的糯米饭。

五彩斑斓的五色米

我就是五色糯米饭哟

　　朋友的五色米店到现在也没有开起来，但我托她的福，吃到了五色糯米饭。在今年的三月三之前，朋友的家乡又开始了一年一度的庆祝三月三活动，朋友便让她的家人买了紫、红、黄、白、黑5种颜色的米给我寄过来。

　　我将5种米分开淘洗浸泡后，放进蒸锅里上火蒸。50分钟后，我揭开锅盖，那五彩斑斓的糯米饭便出现在我面前。紫色的像葡萄，红色的像玛瑙，黑色的像珍珠，白色的像水晶，黄色的像宝石，紫、红、黄、白、黑相互映衬，十分鲜艳，无论是哪一种颜色的米都粒粒饱满，泛着柔和的光泽，在浓浓的蒸汽中璀璨生辉。

　　满屋弥漫着浓郁的饭香直沁人心脾，我深深地吸了一

五颜六色，寓意五谷丰登

口饭香味，叹息道："真是神奇啊！"然后便迫不及待地拿起饭勺，吃我生平第一碗五色糯米饭。一勺糯米饭放进嘴里，一股浓郁的饭香便在唇齿间蔓延开来，顿时唇齿生香。比起一般的糯米饭，五色糯米饭更多一种植物的清香，咽下米饭，便能察觉到一股清香从舌尖顺着喉咙流向四肢百骸，很美妙。

后来，在荔波县的街边小饭店里，我吃到了本乡本土的五色糯米饭。无论是颜色还是口感，都比我做的更有特色，让人非常有食欲。

关于五色糯米饭的来历，还有一段很温暖的故事。

据说在很久以前，侗族、壮族和布依族的祖先是三兄弟，长大后分别成家。大哥和二哥决定把肥沃的家园留给布依族的弟弟，自己带着妻儿另寻他乡重置家园。搬家那天，正好是三月三，布依族的弟弟采摘染色植物将糯米染成五色，做成五色糯米饭为哥哥嫂子们饯行。

从此以后，三月三做五色糯米饭便成了布依族、壮族和侗族的习俗。每到三月三，这三个民族的人们都会筛选上等糯米做出五彩斑斓的糯米饭来祭祀祖先，同庆五谷丰登，共祝生活幸福。

鱼包韭菜，
祭台上的至珍祭品

品　　名：鱼包韭菜
地　　址：黔南州三都县各餐馆
推荐指数：★★★★★

相传为避战乱，水族人举族南迁抵达贵州省黔南的三都县，成片的竹海和仙境般的山水瀑布让他们停住了迁徙的脚步。鱼是水族人最爱的食材之一，他们有"无鱼不成年"的习俗。

水族有在端午节前一天，或老人去世下葬之前不吃荤的习惯，而鱼虾之类的水产品在水族被划在素食名单上，因此鱼是可以上祭桌的祭品，而且是必须上祭桌的至珍祭品。每次祭祖的时候，水族人都会做一道鱼包韭菜放在祭台上，以此祭祀先祖。

除了祭祀先祖，家里来了宾客，水族人也会做这道菜。如果看外形，这只是一道普通的炖鱼：在洁白的陶瓷鱼盘里，盛着一条大约 1 公斤重的草鱼，草鱼去鳞、去鳃，背部剖开，腹部相连，两半鱼合拢用糯米稻草紧紧扎住，以便散发出鲜美的味道。

　　吃的时候解开稻草，可以看到鱼肚里填满韭菜，打开鱼片，一股清香也扑鼻而来。夹一块鱼肉放进嘴里，只觉鱼肉细腻、柔嫩。因为韭菜在鱼肚里面，它的清香可以盖过鱼肉的腥味，所以鱼肉吃起来烂而不糜，香而不浊。细细品尝下，只觉得醇香柔软，让人唇齿生香。

　　由于火候很大，所以鱼骨变得酥脆清香，汉族人做的炖鱼是无法与其相比的，因为汉族人炖鱼的时间短，所以鱼骨很硬，稍不小心就会被卡到，而吃鱼包韭菜不会有这种顾虑。要知道，鱼包韭菜在锅里可是蒸了足足有五六个小时呢。

　　因为美味，鱼包韭菜又被称为水族第一名菜。

　　鱼是水族的图腾崇拜物，已经融入水族人的生命中，

锅里炖煮的鱼包韭菜汩汩地冒着热气

我就是水族的祭品大菜

新鲜的韭菜是这道菜美味的基础

紧密到不可分割。而祭祀用的鱼包韭菜，在水族人生活中，比鱼的意义更为重要。它不只是一道菜肴、一项祭品，更代表着一种信仰和文化。

水族的远祖南迁时，当地的老人送了一包菜，嘱咐道："这里面的菜就作为你们以后在新居招待宾客的一道菜。"远祖在半路打开一看，是香喷喷的鱼肉，吃后浑身添劲。之后，水族人一直走到都柳江畔安下家。为了纪念老人送鱼的恩情，远祖用9种菜和鱼肉配制在一起，成为一种壮体强身的佳肴。后来，这9种菜的菜谱失传，人们就用韭菜代替，成了流传至今的"鱼包韭菜"。

作为水族的一道名菜，只要去水族人家里做客或去三都县各餐馆，都能吃到，味道都很不错。平日里想要吃的话，也可去农家乐，一般农家乐里会有这道菜。

瑶山土鸡，时光带不走的纯种美味

店　　名：小七孔山水酒店
地　　址：黔南州荔波县荔波驾欧高速路口（近驾欧派出所）
电　　话：13195146657　15117869588
推荐指数：★★★★☆

朋友介绍说，黔南看美景要去荔波大小七孔，要品美食就要吃瑶山土鸡，于是我们在小七孔与瑶山土鸡相遇了。我们到荔波小七孔时，正好是中午用餐时分，看到小七孔山水酒店在路边，便走了进去。

酒店的规模并不很大，简朴的大厅里摆设着普通的桌椅。老板娘听说我们从北方来，就告诉我们她在北京开过店，一时间我陌生感被冲淡了许多。还没等我们点菜，老板娘已经热情地向我们推荐起来，她推荐的当地美食中，也有瑶山土鸡。一直以来，人们所熟知的瑶山都是指广西金秀瑶山。但瑶山土鸡中的"瑶山"并不是那一座山，而是指荔波县境内的瑶山，两者差着近 1 000 千米呢。

　　荔波县瑶山居住着瑶族，他们有养鸡的习惯。瑶族人大约在明朝来到瑶山定居，也就是从那时起，瑶山土鸡也在瑶山发展起来。瑶族人从不引进外来鸡种，只养本地的土鸡，不存在与外地鸡杂交的问题。所以无论时光怎么变迁，瑶山土鸡一直保持着它的纯种性。

　　荔波地处贵州高原南部边坡向广西丘陵盆地的过渡地带，气候温和，在这种自然环境下饲养出来的土鸡羽毛亮丽，肉质鲜美，在食材中当属上品。

　　很快，瑶山土鸡炖好了，装在干锅里端了上来。汤不多，应该是干锅鸡，却又比干锅鸡多了些汤汁。其实我觉得吃鸡肉的话，就是应该有些汤汁的，因为鸡肉炖熟后，最鲜的应该是那口汤。

　　比起一般的鸡块，瑶山土鸡的颜色显得更金黄一些，肉皮也散发着一层光亮。鸡块里除了红辣椒段和一些青蒜末外，没有放多余的配料。这么好的食材，是不需要任何

纯种的瑶山土鸡是鸡肉中的翘楚

东西来搭配的，因为任何东西来搭配都会破坏土鸡本身的
香味。

　　夹了一块鸡肉放进嘴里，细嫩的肉在舌尖上慢慢分
开，丝毫也感觉不出粗糙来，那感觉棒极了。喝了一口
汤，感觉很鲜，吃不出味精的味道。如果一道菜里放了味
精，是会蜇舌头的。但这口汤却完全没有那种不爽的口
感，不知是不是因为土鸡本身肉质很鲜的缘故，所以没有
加味精。

　　在店里，除了瑶山土鸡之外，我还吃到一种美味，
那就是老板娘自制的辣椒，香辣鲜美，咸味适中。如果
感觉土鸡不够辣的话，放进一点辣椒，味道层次会很分
明。即使不用来调菜，只是用这辣椒来拌饭吃，也是相
当美味的。

瑶山土鸡配上辣椒
是另一种美味

盐酸扣肉，
素菜打底的佳肴

店　　名：小七孔山水酒店
地　　址：黔南州荔波县荔波驾欧高速路口（近驾欧派出所）
电　　话：13195146657　15117869588
推荐指数：★ ★ ★ ★ ★

在小七孔山水酒店，我们还吃到黔南的另一道特色菜：盐酸扣肉。

我刚看到这个菜名的时候，吓了一跳，还以为是化学中的盐酸呢。很多没有来过黔南的人，应该都没有听说过这道菜，乍一听到这个菜名，也一定会和我一样吓一跳吧。化学中的盐酸可是有毒的啊，怎么可以拿来配菜呢？后来才知道，盐酸扣肉里面的盐酸是指黔南的一种盐酸菜。

当盐酸扣肉端上来时，我还以为厨师做错了呢，完全和道菜扣肉一样：蒸得绵香软糯的五花肉，下面打底的是黑色的腌菜。我想莫非黔南的盐酸扣肉就是镇远的道菜扣肉？但朋友们一口咬定，这是两种菜。

由此可见，天下扣肉是一家，外形都差不多，不同的是肉下面的配菜。四川扣肉配的是梅菜，镇远扣肉配的是道菜，而黔南的扣肉里面配的是盐酸菜。只不过比起道菜扣肉和梅菜扣肉，盐酸扣肉又是另一种口感。

盐酸菜是黔南人用当地芥菜为主料，配上黔南独特的糯米甜酒、辣椒、冰糖和细盐、细葱、大蒜等腌制而成的，味道集酸、甜、咸、辣于一体，酸辣香味很浓郁。

用盐酸菜做出来的盐酸扣肉，完全可以用 3 个词来形容：色鲜、香浓、味美。就说它的外形，可见厚薄一致的肉片整齐地码放在盐酸菜上面，肉皮金黄色，瘦肉部分呈粉嫩色，让人一看就有食欲。

盐酸扣肉最好的吃法是，先吃一口盐酸菜，让那独特的味道先在舌尖滚一遍，等口腔里都是盐酸菜的醇香后，

看什么看，我是盐酸扣肉哟

再夹起扣肉来吃。肉片虽然很大，但很软糯，无须牙齿咬动，就有一种要融化的感觉。软糯的肉片吸取了盐酸菜的独特香气，因此很香浓。而盐酸菜又恰好解除了肉的油腻。细细品尝，可察觉无论是肉片，还是盐酸菜，口感都很丰富：酸中有辣，辣中有甜，甜中有咸，美味非凡，令人回味无穷。

说到盐酸扣肉，就必须提独山县。独山县的饮食中有三酸：盐酸、臭酸、虾酸。三酸的风味都很独特，只不过因为臭酸实在是太臭，现在几乎没有餐厅做它来卖。但盐酸却受到贵州人的喜爱。在评选中国素菜活动中，盐酸菜被评为"中国最佳素菜"，虽然它没有芽菜和道菜那么熟为人知，它的实力却不容小觑。每年独山盐酸菜厂的产量都达到 2 000 余吨，如此高的销量，在腌菜系列当中位列前三名了吧。

在独山县有一句谚语："三天不食酸，走路打捞穿。"意思是说，如果三天不吃酸东西，走路都没有力气，步伐零乱。当地人还说："天天有酸吃，神仙也不换。"说的就是盐酸菜和臭酸、虾酸了。

虽然黔南各地都有盐酸菜，但最好的盐酸扣肉要去黔南的独山县吃。因为在所有的盐酸菜中，独山县的盐酸菜是最好的，也就是说，独山县的盐酸扣肉是最正宗的。

不过，别处也有买独山盐酸菜作为打底的，那样当然也算是正宗的盐酸扣肉了。至于我们吃的盐酸扣肉到底是不是独山盐酸菜打底，不得而知。不过，不是独山盐酸菜也没有关系，在我品来，已经很美味了。

手撕豆腐，没有烧烤味的烧烤豆腐

店　　名：正宗大方手撕豆腐
地　　址：黔南州荔波县玉屏街道玉屏镇山水锦城（天悦假日酒店旁，
　　　　　对着美食街的巷子进去 50 米处）
电　　话：18188146831
推荐指数：★ ★ ★ ★ ★

近几年在贵州省的饮食圈，刮起了一股手撕豆腐风。在贵阳，好像一夜之间，街头巷尾便都是手撕豆腐。现在手撕豆腐风已经刮出贵阳市，整个贵州都有它的身影。我们在荔波县也看到了手撕豆腐，于是一尝美味。

我们是听朋友推荐去吃手撕豆腐的，但这家店并不好找。幸亏朋友告诉我们把荔波第二小学当成坐标，然后站在十字路口，终于在第一个小区巷道里找到这家名为正宗大方手撕豆腐的小店。店铺不大，却非常干净，不像有的地方看上去极不卫生，败坏人的胃口。

手撕豆腐其实就是烤大方豆腐干。大方豆腐是贵州省大方县的一种特产，以当地所产黄豆为主要原料，经浸泡、磨浆、高温熬浆、去渣过滤、分离结皮，将制成的豆油皮以人工卷制成棒状，然后经烧烤、干燥后，便成为著名的大方豆腐。这种豆腐的特点就是成形好，不稀散，颜色微黄，有一种独特的香味，吃起来味道鲜嫩，软绵清爽，很筋道。

手撕豆腐就是把大方豆腐放在烧烤架上烧烤，然后再配上调料吃。

店里有手撕豆腐、牛肉、猪脚、藕片、土豆等多种食材，都可以用来烤着吃。我们点了手撕豆腐，别的也分别点了一些。帅哥老板在忙碌着，顾不得管我们，于是老板娘帮我们烤。老板娘年轻漂亮，也很热情，一边烤一边和我们聊天，还给我们介绍荔波县的各家美食。聊起天来时间过得很快，不知不觉手撕豆腐就烤好了。

手撕豆腐没烤之前就是微黄色，烤熟之后依然是微黄色，倘若不是上面冒出热气，还以为是没烤过呢。

手撕豆腐其实是烤豆腐

　　吃手撕豆腐是需要蘸料的。蘸料是老板亲自调制的，深红色一碗粉状物，因为都是粉末，看不出都有什么配料。把豆腐撕成一条一条的，放进蘸料里面，滚一层蘸料再吃。虽然不知道蘸料都是用什么配制的，但很香、很鲜，还麻麻的、辣辣的，想必是放了花椒和辣椒，才会有这么麻辣的香味，吃起来很爽。

　　等到蘸料的香味在嘴里散去，这才来得及让舌尖和味蕾与手撕豆腐做最亲密的接触。只感觉豆腐本身就很有弹性，去掉蘸料的浓香后，豆腐的清香慢慢散发出来，充盈在唇齿间，很是清爽适口，完全没有烧烤的味道。

　　后来藕片、牛肉之类的端上来，我也都尝了尝，感觉牛肉很嫩，藕片很香。还要提的是店里有一种自制的酸萝卜，腌制得恰到好处，酸酸辣辣的，十分爽口。如果吃了太多的烧烤食物，还可以吃酸萝卜来解腻。

　　后来看见对面的杨梅汤，便去买了几份，吃一口手撕豆腐，喝一口杨梅汤，那滋味，真是爽极了。

制作豆腐

遍地都是杨梅汤

店　　名：榕江杨梅汤
地　　址：黔南州荔波县樟江北街
电　　话：0854-3619965
推荐指数：★★★★★

历史上知名度最高的杨梅诗，应该是古代诗人平可正的《杨梅》，诗里说："五月杨梅已满林，初疑一颗值千金。味胜河溯葡萄重，色比泸南荔枝深。"

我是甜滋滋的
杨梅汤

味胜河溯葡萄重，
色比泸南荔枝深

读此诗，便知道杨梅是一种比葡萄甜，比荔枝漂亮的水果。儿时学过一篇课文，文中讲江南盛产杨梅，后来到了贵州才知道，贵州也是一个出产杨梅的地方。人们用杨梅来酿酒，还用它来熬汤。到了黔南，看到遍地都是杨梅汤，荔波县也是如此。我们吃手撕豆腐的时候，也喝到了杨梅汤。

当时吃手撕豆腐时，老板娘说起杨梅汤，还告诉我们就在距她家不到 500 米的地方，有一家榕江杨梅汤店，那里有荔波县比较有名的杨梅汤，我们便去买了来喝。

榕江杨梅汤并不只是卖杨梅汤，本身可能是一家青年旅馆，还经营各种菜品，看到川流不息的客人，便能想象到这家店的忙碌程度。店装修得很时尚，看外形还以为是一家咖啡馆呢。点菜用的是 iPad，所有一切看起来都那么有情调，本是一份传统的杨梅汤，在这样的情调中也变得小资起来。

因为我们刚吃完烧烤，所以就没有再点别的菜，只点了 3 碗杨梅汤。虽然客人很多，但上汤速度并不慢，很快我们就喝到了杨梅汤。

看到杨梅汤的颜色，我一下子便爱上了这款美食。我从来没有看到一款美食能够有如此迷人的颜色，粉艳艳的，越往碗底看，粉色越浓，像是姑娘羞涩时的脸色，很是漂亮。虽然很多饮料也能调制出这种粉艳的颜色来，但绝对没有它这么自然，就连放在碗里的汤勺都被熏染成粉色的了。

在迷人的粉艳中，能看到五六颗杨梅静静地待在碗底，每一颗杨梅都很饱满，个儿也很大。装杨梅汤的碗属于家常用的中号碗，但五六颗杨梅就已经占去了半碗的位置。想想杨梅罐头中那小小的杨梅，蓦然明白过来，原来杨梅并不是都那么小的，想必大的都被当地人留下做杨梅汤了吧。

杨梅周身有一层小刺，舀起一个杨梅放进嘴里，舌尖便触到那层小刺，因为煮过，所以小刺也变得柔软起来，触及舌尖一片细腻。咬开它，可见新鲜红嫩的果肉，微酸，等到酸劲儿过去，便留下一股浓浓的甜在口腔里回荡。

再喝一口粉艳艳、甜滋滋的杨梅汤，随着杨梅汤顺喉咙咽下，那股甜便仿佛流向四肢百骸，整个人都浸润在这份甜润之中了，那感觉简直妙极了。

因为是夏天，所以杨梅汤里放了冰块，酸酸甜甜、冰冰凉凉，在夏天的时候喝，十分解暑。

后来我看到路边随处可见私人冰柜里摆着的杨梅汤，过路人随时都会买一份来喝，便觉得杨梅汤对于贵州人来说，就相当于冰粉之于四川人，酸梅汤之于北京人，都是夏天必不可少的美味饮品。

一家烤猪四邻香

店　　名：万红餐馆
地　　址：黔南州荔波县广场美食街
电　　话：18685408971
推荐指数：★★★★☆

在《舌尖上的中国·古镇篇》一书中，讲到西藏的藏香猪肉嫩味美，是猪肉食材中的上品。其实，贵州也有香猪，分别为从江香猪、剑白香猪。因为有了它们，贵州还被国家农业部门授予"中国香猪之乡"的称号。它们与广西的巴马香猪、西藏的藏香猪同属于矮小猪种，共同特点是：体小早熟，肉质鲜美。我在泸沽湖吃过藏香猪，在贵州则吃到了烤香猪。

我们是在荔波县的万红餐馆吃这道美食的。当时逛美食街，远远地便闻到一股烤肉的香味，一路寻过去走到万红餐馆门口，发现香味是从他家烤架上摆着的一只香猪散发出来的。虽烤香猪并不大，但能"一家烤猪四邻香，七里之遥闻其味"。看它已经被烤得金黄澄亮，哧哧地冒着香气，诱人得很，便当即决定停下来尝一尝这道美食。万红餐馆的老板娘很热情，也很友善，知道我们专为美食而来，当即给我们安排座位。

我们指名点了烤香猪，同时还点了其他几个菜。等其他菜都摆上餐桌后，烤香猪才姗姗而来。当它一摆上餐桌，其他几道菜顿时黯然失色，无论是从金黄明亮的色泽，还是从扑鼻诱人的香气来说，烤香猪都要甩开其他菜好几条街。

一道好的美食是经得起从头到足地品赏的，烤香猪也是如此。只见它肉皮金黄，泛着明亮的光泽，肉皮很薄，这让我想到北京烤鸭的肉皮，也是这么金黄澄亮的。细看肉皮下面多是瘦肉，肉质鲜红，纤维细嫩，其间还夹着洁白的脂肪。外皮焦脆，内里却能保持原状，只是散着熟透的浓香，这就是烤肉的最大优点了。

围着冒热气的烤香猪肉，当朋友们还在讨论黄澄澄的肉皮到底是刷了蜂蜜还是抹了麦芽糖汁时，我已经迫不及待地夹起一块送到嘴里。先用舌尖分开皮和肉，细细品尝肉皮那酥脆的焦香。不知制作时在肉皮上抹了什么料，吃起来竟比北京烤鸭的鸭皮还要香浓很多。

烤香猪甩其他菜好几条街

一家烤猪四邻香，
七里之遥闻其味

　　与焦脆的肉皮截然不同的是其肉质格外细嫩，瘦而不柴，肥而不腻，味道更是甘美鲜香。慢慢咽下，只觉细腻润喉，很是舒爽。一块猪肉咽下，口腔里的余香还未散尽，我已经举起筷子伸向第二块烤肉了。

　　烤香猪之所以能够如此美味，除了烤肉工艺和腌制肉时抹的调料以外，猪肉本身是保证美味的关键。贵州属于山区，而且生态环境极好，没有任何污染，村民们养猪也都不圈养，任其去深山密林觅食草根和野果。这样养出来的香猪肥肉少，瘦肉多，皮薄，肉嫩，香味纯正。

　　香猪虽然体小，营养、口感和味道都比普通猪肉要多很多。"凡是浓缩的都是精华"这句话用到香猪身上一点都不假。

　　在猪肉这种食材中，贵州和西藏的香猪只算上品，广西的巴马香猪才是最上等品。但我没有吃过巴马香猪，不知其然，不过我觉得烤香猪和藏香猪已经很美味了。

逛邓恩铭故居，吃老彭豆花面

店　　名：老彭豆花面
地　　址：黔南州荔波县玉屏镇向阳中路 34 号
推荐指数：★★★★★

人们到荔波，是必定会去邓恩铭故居参观的。这位中国共产党的创始人为了革命，年仅 30 岁就献出了自己宝贵的生命。很多国家领导人曾到这里为烈士题字，现在贵州省已经将它列为国防教育基地，所以很值得一去。

在距离故居不到 20 米的地方，有一家名叫老彭豆花面

白嫩的豆花

豆花不要放在
面上哟

的餐馆。他家的豆花面很好吃，而且经营也很有个性，因此无论是当地人还是外地来的游客，早晨都会去他家吃一碗豆花面。还有许多旅行团也会选择在他家用餐。

我们去的时候，他家的客人已经爆满了，屋里屋外的餐桌都坐满了人，我们只好等着，看到别人吃完腾出位子，我们赶紧坐下，因为我们后面还有人排队等座呢。

豆花面最早是贵州省遵义市独创的汉族名小吃，用前一次点豆腐的窖水存放几天后做成酸汤，再用这种酸汤点豆腐做成豆花，再煮一碗面条，然后把豆花压在面条上，放在蘸料里吃，这就是豆花面。当初邓小平到贵州遵义时，还特意点了豆花面吃，并对这道美食大加赞赏。

老彭豆花面与遵义豆花面差不多，食材都是豆花加面条。只不过，老彭豆花面的豆花是不压在面条上面的，而是单独用一个碗装。所以在老彭家吃豆花面，与在遵义吃豆花面是不一样的。

店里只有老两口儿在忙碌，因为客人多，他们根本忙不过来，所以面条要自取。我端着面条往餐桌那边走时，阿婆喊了一句什么，但我没有听懂，这时阿公冲我又大喊了一句，我这才听懂，原来他们告诉我，自己拿碗盛豆花。

看我有些愣怔，阿公向我解释："豆花不要放在面条上面，那样不好吃。"就这样，我们一人面前摆了两个碗：一碗豆花，一碗面条。

他家的面条是手工面，分粗细两种，赶时间的一般都点细面，因为省火，速度快。我爱吃粗面，觉得那样会更筋道。

四川的豆花和北方的豆腐脑是一样的，但老彭家的豆花与这两者不太一样，它吃起来比豆腐细嫩，比豆腐脑又紧实，有浓浓的豆香。而且豆花是用鸡汤泡成的，所以很鲜。不知贵州别处的豆花是不是和老彭家的豆花一样呢？

面条看外观，既像四川自贡的担担面，又像四川宜宾的燃面。清澈的汤底，雪白的面条，上面堆满配料，有花生、瘦肉片、带皮肉丁、葱花末等，十分丰富。

拌匀配料后就可以开吃了，面条筋道，肉吃起来很香，像是叉烧肉，很有嚼头，花生很提香，总体味道棒极了。汤有葱油的味道，很清香。不过店里也配有红油，如果爱吃辣口的，可以加点红油。

老彭豆花面还有一个被食客们称为"任性"的一点，那就是豆花可以免费添加，随便你吃。这在很多店里是不可能的事情，大多数店里免费的只有白开水。

面条看外观像担担面

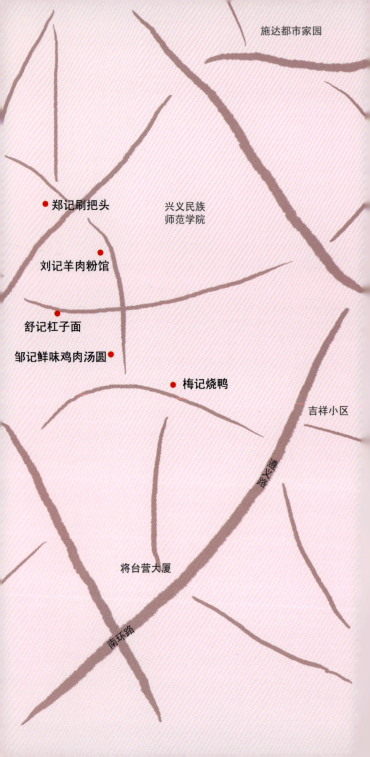

施达都市家园

郑记刷把头

兴义民族
师范学院

刘记羊肉粉馆

舒记杠子面

邹记鲜味鸡肉汤圆

梅记烧鸭

吉祥小区

盘义遵道

将台营大厦

南环路

Part 4

黔西南 布依八音唱不尽美食

最复杂的侵蚀地貌区，却孕育着最丰富的美食资源。一桌独特的民族菜肴，配以布依八音，再佐一碗三合汤，这就是最美生活……

羊肉粉，
兴义人最自豪的家常
美食

店　　名：刘记羊肉粉馆
地　　址：黔西南布依族苗族自治州（后文简称为黔西南州）兴义市
　　　　　黄草街道街心花园荷花塘巷
推荐指数：★ ★ ★ ★ ★

居住在黔西南的布依族流传着一种传统的说唱曲艺，叫布依八音，几乎囊括戏曲里的各种角色。布依八音唱尽黔西南布依族人的悲欢离合，却唱不尽黔西南的美食。在黔西南的美食中，融入大众生活又受到大家喜欢的是兴义的羊肉粉。

我有一个兴义市的朋友在外地工作，她告诉我说："从兴义市出去的人，最惦念家乡的父母，还有就是羊肉粉了。"简单的一句话，却可以看出羊肉粉在兴义人心中所占的位置。兴义市的很多人是吃羊肉粉长大的，我的朋友也不例外，她从小吃羊肉粉的那家店现在还在，就是位于兴义市的刘记羊肉粉馆。

　　羊肉粉并不贵，一碗羊肉粉小的 7 元，大的也超不过 10 元。即使胃口不小的人，一大碗羊肉粉也足够吃得饱饱的。但它并没有因为价格低廉而被人鄙视，相反，很多人都来吃羊肉粉。

　　羊肉粉和牛肉粉外观差不多，一碗汤清澈见底，汤里的米粉雪白，晶莹剔透，米粉上是大片的羊肉和调料。配菜包括泡萝卜丁、香菜段、葱末等。剩下的调味品，有炒酱和特制的天然香料。在拌料的时候，一种特别的香气便弥漫开来，很香，但无法分辨出都是什么香气融合在一起。

　　拌匀开吃，会发现羊肉粉的粉丝很有嚼劲。倘若粉丝上裹着酱，就会麻辣十足，很是爽口开胃。再吃一片羊肉，羊肉虽然熟透，但并没有烂掉，到嘴里一抿就化，没有膻味，只有浓浓的肉香在舌尖跳跃。

一碗汤清澈见底

其实吃粉和羊肉的时候，舌尖就已经感受到一些麻辣了，再喝一口汤，十足的麻辣味瞬间充斥在整个口腔里面，并不觉得油腻，反而很是舒爽。我的朋友每次回去都要吃上几碗才能解过馋来。

兴义市的羊肉粉和大名鼎鼎的遵义羊肉粉是同宗同源的一道美食，特点也都相同，雪白的米粉，鲜亮的汤汁，纯真的味道，浓郁的芬芳。但兴义市的羊肉粉和遵义市的又不尽相同。兴义羊肉粉中的羊肉是兴义市本地出产的黑山羊，这种羊肉的肉质要比普通羊肉鲜美，膻味也小，所以吃兴义羊肉粉，是几乎吃不出膻味来的。而别的地方的羊肉，兴义人就不会接受和认可。

除了羊肉，兴义羊肉粉中的炒酱也很关键。炒酱很有讲究，放什么料，用多大火，怎么下料，怎么炒，炒多久，都很关键。做得不好的话，就不是兴义羊肉粉了。

若一没有本地黑山羊肉，二不会炒酱技术，这样做出来的羊肉粉自然不受兴义人认可。

所以外地人到兴义去开羊肉粉馆的话，时间不长就都会关张。

除了羊肉，兴义羊肉粉中的炒酱也很关键

刷把头，
有竹笋的烧卖

店　　名：郑记刷把头
地　　址：黔西南州兴义市黄草街道东风路大桥旁（近八一公园）
电　　话：13195195551
推荐指数：★ ★ ★ ★ ★

朋友说，到了黔西南，就不要想什么烤猪、酸汤鱼之类的大菜，那些是贵州各地都有的，根本算不上黔西南真正的地方特色美食。想要吃黔西南的地方特色美食，就要关注主食：羊肉粉、鸡肉汤圆、剪粉、面点等。这些美食在黔西南能够吃到正宗的，外地虽然也可能会有，但绝对不正宗。

在黔西南的面点中，有一款美食名字特别有意思，叫"刷把头"。北方人不会懂刷把的意思，但南方人都知道，"刷把"是一种刷锅用的工具，用竹筒竖立切开至竹节处，然后用篾条把竹节处捆扎起来，上面散开的头可用来刷锅刷碗，很好用。所谓"刷把头"，外形就和刷把一样，也是下面一个大肚，中间收拢，顶端是散开的头。

我是在兴义市的街上看到刷把头的，当时觉得这个食品的外形和名字真的是太相符了。因为刷把头是兴义市的特色风味小吃，很受兴义人的喜爱，所以有很多家卖刷把头的店铺。刷把头对于兴义人来说，可能就像北方人的包子一样。我们由于居住在黄草街道附近，便就近选择了郑记刷把头，吃过之后，觉得这家店还不错。不过你不在这边吃也不要紧，因为刷把头是兴义市的大众小吃，所以你随便进入哪一家，都能吃到正宗的刷把头。

一碗汤、一碟蘸料、一盘刷把头，便是一顿美味。一个刷把头比拇指略大一些，用面皮包馅蒸熟而成，原理和

一盘刷把头，就是一顿美味

吃刷把头配蘸料

刷把头也可称为有竹笋的烧卖

包子是一样的。只不过它与包子的不同之处在于外形和内馅儿。面皮擀成荷叶边状，还要薄得如纸一般。而里面的馅儿分两层，下层是普通的肉馅，上面放一层加工好的竹笋。然后把面皮从终端挤到一起，不要挤死，顶部露出参差不齐的边缘，像刷把的头一样。蒸熟后的刷把头皮薄得能看到里面的馅儿，引得人垂涎。而顶部的面皮则硬挺，从露着的缝隙中冒出阵阵香气，馅儿香夹杂着竹笋的清香，让人食欲大开。

如果馅儿调制得很香的话，吃的时候，即使不放蘸料也会很香的。但放进蘸料，又会是另一种滋味，蘸料的香浓麻辣会让刷把头的味道更加丰富和分明。把配好的蘸料灌进刷把头，然后整个儿放进嘴里细细咀嚼，面皮质地绵软，馅儿料鲜香爽口，因为放了竹笋在里面，所以会有一种干香，真是鲜美无比。

吃过刷把头的朋友说，刷把头其实就是另一种风味的烧卖。这个形容倒是比包子更形象一些，因为烧卖的外形和刷把头是一模一样的，大肚，顶端蓬松如花。但烧卖里面是没有竹笋的，所以我觉得刷把头也可以叫作"有竹笋的烧卖"。

不吃杠子面，枉自到兴义

店　　名：舒记杠子面
地　　址：黔西南州兴义市黄草街道黄草坝铁匠街 12 号（近街心花园）
电　　话：0859–6241048
推荐指数：★★★★★

听说到兴义寻找美食，朋友们告诉我一定要去尝一尝杠子面，因为有一句话叫"不吃杠子面，枉自到兴义"。可见杠子面在外的名气有多大。杠子面的魅力在哪里，竟然担得起这样的赞美？

原来杠子面从面条到制作程序都和普通的面条不同。在很早以前，有一户舒姓人家以卖面为生。他家制作面条的方法与众不同，首先是采用精面粉和土鸡蛋揉合成面团，然后用杠子将面团轧成厚度不足 0.3 毫米薄的面皮，再切出很细很细的面条来。因为是用杠子一点一点轧成的，所以称为"杠子面"。后来才明白，吃杠子面，配料和哨子是其次，主要吃的是那制作工艺。

因为这是申请了专利的一道美食，所以在兴义只有在舒记杠子面这家店才能吃到。舒记杠子面在兴义市黄草街道黄草坝铁匠街 12 号，挂着大大的招牌，很好找。

　　杠子面分为带汤面和干拌面两种，我们一样点了一碗。相比起其他粉和面来说，杠子面的性价比不高，但我觉得还是可以接受的。因为是用土鸡蛋揉面，本身成本就比较高，再加之全是用人工轧出来的，又费力又费时，制作工艺如此精细复杂，是担得起高一点的价位的。没有看到制作过程的人不知道，轧杠子面的杠子分粗细好几个型号，最粗的一根杠子有一个成年男子的腿那么粗。用胳膊是轧不动的，必须师傅坐在杠子的那一头轧，所以是很费人力的一道美食。

　　当然，我们食客花钱是要品尝美食的独到之处的，这一点，杠子面倒是没有让我失望。

　　我点了一碗带汤面和一个荷包蛋。很快汤面端了上来，

杠子面又费时又费力，但筋道

只见面条呈黄色，初以为是加了碱导致的，后来才恍然明白这是因为用土鸡蛋和面的缘故。面皮细细的，而且很薄，目测竟比鸡蛋皮还薄一些。夹起一箸面条细细品尝，首先尝到的是它的鲜度，很新鲜。一般这样细的面条泡到热汤里就已经烂掉了，而这个面条却很筋道，也很有弹性，口感能够如此之好，这完全归功于它繁琐的制作工艺。

因为它很筋道很有弹性，可想而知和面的时候会有多硬。如果是干拌面的话，没有了汤水的滋润，面条就会发干，除了筋道，没有弹性可言。反而是带汤的面条吃起来很有弹性，还不会发干发硬。所以想要吃杠子面的话，我觉得还是带汤面更好。

杠子面本身就已经是很优质很上乘的食材了，无论什么样的配料和哨子，都会很好吃。舒记杠子面配的是牛肉丝，为了能够与杠子面外形配搭，牛肉丝也切得极细，这样的好处就是入口即化。

因为杠子面"滑、韧、鲜、香"的独特口味，所以它获得了许多荣誉，而"不吃杠子面，枉自到兴义"也是食客们对杠子面最好的赞誉。

不吃杠子面，枉自到兴义

三合汤，珍珠翡翠白玉汤的缩影版

店　　名：舒记杠子面
地　　址：黔西南州兴义市黄草街道黄草坝铁匠街 12 号（近街心花园）
电　　话：0859-6241048
推荐指数：★ ★ ★ ★ ★

我们在舒记杠子面吃了一份杠子面后，看到店里有三合汤卖，知道它是兴义市有名的小吃，于是买了一份来吃。由于三合汤是黔西南的著名小吃，很多餐馆都有这道美食卖，所以无论你在兴义市的什么地方，都能吃得到。

湖南新化有一道美食名叫三合汤，听朋友说是用牛肚、牛肉和牛血做成的一道美食，吃过的人都说味道很好。而兴义市的这道三合汤，食材与新化三合汤是截然不同的，味道自然也不会一样。

一碗传统的三合汤里面有三种主料：糯米、白芸豆、猪脚。因为这三种主料合在一起吃，所以名叫三合汤。糯米是单独做成的糯米饭，白芸豆和猪脚洗净、炖烂。吃的时候，把糯米饭盛到碗里，舀炖好的芸豆和猪脚将糯米饭盖上，再舀一勺猪脚汤把它们都泡上，就可以开吃了。

　　这种烹饪方法倒是和珍珠翡翠白玉汤的做法一样。珍珠翡翠白玉汤相传是朱元璋吃过的一道美食，由各种剩菜剩饭混在一起熬制而成，三合汤把各种食材混在一起熬炖，两种美食做法一样。只不过三合汤的食材只有三种，比起珍珠翡翠白玉汤的食材要少很多，因此可以把它称为珍珠翡翠白玉汤的缩影版了。

　　扒拉一口糯米饭在嘴里，由于有猪脚汤泡着，所以糯米饭吃起来有一种浓汤裹香，饱满多汁的口感，待猪脚汤化去，只剩下粒粒饱满的糯米饭在舌尖上滚动，味蕾便感受到它的柔绵糯香。芸豆已经炖烂，粉粉的，入口即化，只留下浓郁的豆香渗入糯米饭的香味中去。猪脚筋道而又绵糯，香浓味厚，让人回味无穷。最后喝一口猪脚汤，那汤汁鲜香味美，正好融合了糯米饭的饱胀和猪脚的油腻，好吃极了。

　　三合汤里面的糯米之所以这么好吃，是因为它不是一般的糯米。黔西南地处山区，峰峦叠翠，而群峰间多平地，

美味的三合汤

珍珠翡翠白
玉汤的缩影

被人们用来灌水作田，播种稻谷。清朝雍正五年的《南笼府去》里面记载，黔西南早在明朝就有黄壳和红壳两种糯稻，颗粒饱满，色白脂丰，米质优良。安龙也盛产芸豆，质地优良，洁白性糯。黔西南是布依族人的居住地，他们喜欢以糯米饭为主食，于是收获的糯米正好供布依族人食用，三合汤里面所用的糯米就是这种优质的糯米。

三合汤的开创发明来自于明朝的一位大臣。当时大臣刚用餐，忽然朝廷派人来催他回朝。大臣不敢耽搁，赶紧用猪脚汤泡饭吃完后赶往朝廷。办完事退朝，大臣回到家已经是饥肠辘辘，想起刚才那样泡汤饭蛮好吃，于是吩咐厨师还将刚才的食材合在一起重新加热。厨师虽然觉得拿剩饭菜给主人吃不好，但主人追得急，一时间也找不到新鲜食材替代，于是只好将剩下的饭和菜泡在一起热好端上来。主人吃后连呼美味，那样子竟是比刚才还要美味许多，于是大臣家里便经常做这道菜来吃。

现在随着食材开发越来越多，人们也往三合汤里加入别的食材，如排骨、鸡肉丝等东西。东西加入越多，三合汤的味道就会越来越丰富和鲜美。

鸡肉汤圆，
鲜与糯的碰撞

店　　名：邹记鲜味鸡肉汤圆
地　　址：黔西南州兴义市黄草街道稻子巷（近好乐多超市）
推荐指数：★ ★ ★ ★ ★

当听说兴义市有一道小吃名为鸡肉汤圆时，朋友们都很惊奇，她们觉得汤圆就应该是甜汤圆，鸡肉和汤圆怎么可以碰撞到一起去？不过我是四川人，知道达州的陈金贵肉汤圆，所以知道肉类与汤圆也是可以搭配的，而且还不错，所以并没有露出朋友们那样惊奇的表情来。

在兴义吃鸡肉汤圆要去邹记鲜味鸡肉汤圆，据说这是兴义卖鸡肉汤圆最有名的店。不过邹记鸡肉汤圆也有好多家，随便你选择哪一家都可以。据当地人推荐说，位于稻子巷的这一家是总店，于是我们便选择了这一家去品尝。

老板恰好有点空闲，和我们聊了一会儿。他告诉我们，鸡肉汤圆里面的鸡肉选用的是上等的肥嫩母鸡，糯米也是上乘的。除了食材选用很关键之外，煮鸡肉汤圆也很关键。煮鸡肉汤圆可不像煮甜汤圆那样，放在锅里烧开就不用管了，它熟透后自然会漂浮起来。鸡肉汤圆需要开锅后倒进三次冷水，才能防止它不会煮破。我想，这可能是因为属于肉类的鸡肉在煮的时候会胀起来的缘故吧。

鸡肉汤圆的卖相很好，碗里是巧克力色的鸡汤。我还纳闷鸡汤怎么会是巧克力色的呢？喝了一口，嘴里满是浓郁的花生酱香，这才明白，原来是加了花生酱在汤里，所以乳白色的鸡汤变成了巧克力色。

鸡汤上漂浮着 10 个汤圆，它们小巧玲珑，像是被剥了皮的荔枝一般光洁圆润，雪白晶莹。中间 2 个，外面 8 个，像是一朵花长出两个花蕊。也有可能是中间 1 个，外面 9 个，那情景就像是一朵盛开的花朵。其间散落的绿色葱末像是绿叶陪衬白花，很是漂亮。随着袅袅的热气，浓郁的鸡汤香味扑鼻而来，让人食指大动。

舀起一个鸡肉汤圆，轻轻咬下一小口，软糯的汤圆与

鸡肉和汤圆般
配得很

鲜嫩的鸡肉馅儿混在一起，给舌尖一种很软很细腻的感受，而纯正的鸡肉香和糯米香又让人回味无穷。再看盛在勺里的鸡肉汤圆，紧紧地将鸡肉裹在一起，二者看不出有缝隙，像是原本就该在一起似的，也像是在告诉食客们：鸡肉和汤圆，就是这么般配。

鸡肉和汤圆碰撞后，汤圆衬得更加软糯，而鸡肉则油而不腻，还有肉松的味道，让人吃出鲜与糯的新奇感受。

而鸡汤又是鸡肉汤圆的另一大亮点。鸡汤里面除了加入花生酱之外，还加入了胡椒粉，喝到嘴里鲜麻香浓，给人一种极其别致的感受。但要是不习惯胡椒粉的话，记得提前和厨师沟通一下，否则会被胡椒的麻味击倒的。

邹记鲜味鸡肉汤圆店门面

"炸"出来的烧鸭

店　　名：梅记烧鸭
地　　址：黔西南州兴义市黄草街道铁匠街（大不同商场对面）
推荐指数：★★★★★

🍴 🈵 🚹 👬 ⛰ 🅿

　　　　直在说黔西南的粉、面、面点和米饭，连一道肉类大菜都没有提到过，不知道的还以为黔西南没有大菜呢。其实黔西南的大菜多着呢，酸汤鱼、干锅鸡、烧鸭等。下面就来说一说黔西南的肉类美食：烧鸭。

　　烧鸭，在北方其实就是烤鸭。虽然叫法不同，但一般来说都是采用烤的方式：把鸭子收拾干净后直接放入烤炉烘烤至熟，然后从烤炉里取出来片好就可以开吃了。而兴义的烤鸭却不是这样的做法。

　　把鸭子收拾好后放入砂锅中煮，六成熟时捞出，放入配好调料的卤汤中卤。卤好的鸭子刷一层油再放在火上慢慢反复熏烤，直到皮渗出黄油。有顾客来买时，让他随意挑选。挑选好后，老板会将烧鸭砍成小块，再放入油锅里炸几分钟，然后撒上椒盐之类的调味品拌匀即可。所以说，兴义市的烧鸭其实既烤又炸，程序比别处的烧鸭要复杂一些。

在兴义吃烧鸭的话，很多人会推荐梅记烧鸭。但我们找了好久都没有找到，后来在当地人的帮助下，才找到一个藏在小弄堂里的小门面。因为这个门面真的是太小了，夹在两家店中间，稍不留意就会错过。

在柜台上，干净的不锈钢浅盘里放着很多已经卤好的鸭子，鸭皮油亮发光，很是刺激味蕾。我们确定好要买哪一只鸭子后，老板便把它砍成小块，然后放入旁边的大铁锅里用油炸。大约两三分钟后，便捞出来，撒上椒盐拌匀后递给我们。

吃烧鸭一定要趁热

新鲜出炉的烧鸭

把烧鸭砍成小块，就可以开吃啦

　　吃烧鸭一定要趁热，因为这样才保证它的焦脆度。当然，凉了吃也是没有问题的，依然很香。

　　我捏起一块鸭肉放进嘴里，一股焦香便在唇齿间蔓延开来。鸭皮脆麻香酥，尤其是那麻劲儿，让整个口腔里的细胞都被麻醉了一般，过瘾得很。而鸭肉则细嫩鲜香，让人回味无穷。

　　因为我爱吃辣，便向老板要了一小包辣椒粉，用麻够劲的鸭子蘸上辣椒粉，又麻又辣，焦香酥脆，那真叫一个爽啊。

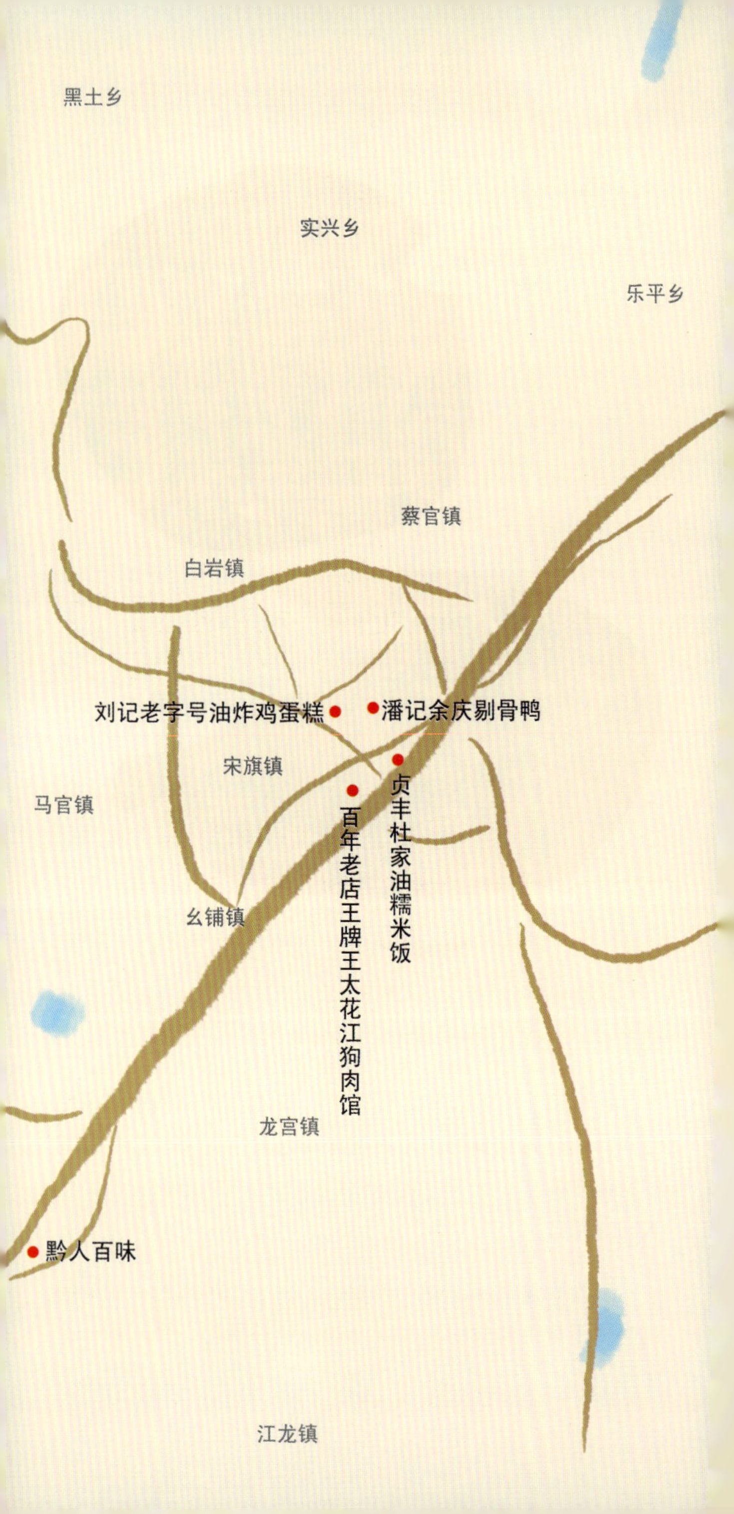

黑土乡

实兴乡

乐平乡

蔡官镇

白岩镇

刘记老字号油炸鸡蛋糕 • • 潘记余庆剔骨鸭

宋旗镇 • 贞丰杜家油糯米饭

马官镇 •
百年老店王牌王太花江狗肉馆

幺铺镇

龙宫镇

• 黔人百味

江龙镇

Part 5

安顺　顺元古驿道上的古老美味

倚若你是外来客，一踏入贵州地界，就一定会听说这样一句话：穿在贵阳，吃在安顺。安顺有贵州人最宠嗜的小吃，也有最别致的折耳根……

剔骨鸭，
给味蕾独特体验的
鸭肉片

店　　名：潘记余庆剔骨鸭
地　　址：安顺市西秀区虹山人民医院附近（西南方向 118 米左右）
电　　话：0851-33331333
推荐指数：★★★★☆

在黔西南的兴义市，我们吃到了炸出来的烧鸭，而在安顺市，我们吃到的是余庆剔骨鸭。其实，在贵州想要吃剔骨鸭的话，应该去遵义市的余庆县，因为做剔骨鸭的食材优选那里的水鸭。但我们在安顺时，听说潘记余庆剔骨鸭做得很不错，便没有等到去遵义，而是直接去了安顺的潘记余庆剔骨鸭店。

与黔东南、黔南和黔西南这三个地方相比，安顺饮食中没有那种酸到极致、无酸不欢的习惯，所以更适合外地的游客。因此很多从三黔过来的外地游客们都会在安顺饱餐一顿，以缓解在三黔被酸辣攻陷的肠胃。而剔骨鸭便成了很多食客们的首选。

剔骨鸭最早是从贵州省遵义市余庆县的敖溪镇一带发展起来的，距今已经有上百年的历史。食材采用的是余庆县农村的大头鸭，经过剔骨，然后切成片，并用当地的上等大蒜、姜、辣椒等配料做成。正宗的剔骨鸭中没有任何食品添加剂，所以算得上是一道纯绿色食品。

由于余庆剔骨鸭的食材好，做出来的鸭子口感也好，所以深受食客们的推崇和喜爱，现在贵州各地都有余庆剔骨鸭的加盟连锁店。无论你在哪里看到余庆剔骨鸭，都可以进去一品美味。

我们那天去的安顺潘记余庆剔骨鸭除了食材好之外，主厨潘师傅精湛的烹饪技艺也是一流的。他剔骨剔得很干净，就连鸭身上的淋巴之类的东西都要剔除掉，肉越纯净，做出来的剔骨鸭就越美味。

当剔骨鸭被端上餐桌时，干锅里的鸭肉冒着热腾腾的香气，除了鸭肉，还有姜片、辣椒、蒜苗、香菜段等配菜，不过这些配菜只起一个点缀的作用，所以配量不大。因此热气中的香味全部是浓郁的鸭肉香。

干锅烹饪的方式可将鸭肉余下的腥气全部去掉

剔骨鸭和烧鸭不同。烧鸭吃几块就会感觉有点腻，而剔骨鸭鲜味浓郁，油而不腻，久吃不厌。剔骨鸭之所以这么美味，是因为鸭肉被剔去了骨和淋巴，本身的腥气就已经去掉了一部分，再采用干锅的方式烹饪，将鸭肉余下的腥气全部去掉，并把肉里的香味激发了出来。

我们点了一公斤剔骨鸭，盛了满满一大锅，足够我们几个人吃的。但大家尝了一块鸭肉后，便都很少说话，只是低头细细咀嚼鸭肉片，其中一位男同胞还不停地赞叹："这鸭肉实在太美味啦！"

我仔细咀嚼剔骨鸭肉，发现肉片的味道很醇厚，不但没有一点儿土腥气，反而有股隐隐的酒香味，不知道是不是放了酒烹饪的缘故。我想，可能正是这股香味解了鸭肉与生俱来的那股土腥味吧。

比起烤鸭肉，剔骨鸭的肉质也更加紧致，咬起来很有质感，给舌尖味蕾一种独特的感受。

我吃过烧鸭，也吃过盐水鸭，还吃过炖鸭汤，但最爱吃的还是剔骨鸭。

剔骨鸭肉剩下的鸭架可以做鸭架汤哦

十月有个小阳春，
花江狗肉胜人参

店　　名：百年老店王牌王太花江狗肉馆
地　　址：安顺市西秀区南水路 14 栋（近老百姓大药房）
推荐指数：★★★★★

贵州人流传有这样一句话：穿在贵阳，吃在安顺。可见安顺的美食在贵州省境内算得上是最丰富多彩的了。它既传承了贵州本土"酸辣"的饮食习惯，也融入了省外的各种饮食风味，所以在安顺，你既可以吃到"别具一酸"的酸汤鱼，也可以吃到在全国流行的美食，其中狗肉就是这样一道美食。但在安顺吃狗肉，就要吃花江狗肉。

花江狗肉来源于安顺关岭县花江镇，这里的人们早在三国时期就以狗肉为食材了。狗肉滋阴壮阳，祛寒除湿，冬食暖，夏食凉。人们把狗肉当成一种药膳食材，并夸它为"十月有个小阳春，花江狗肉胜人参"。谁要有点毛病去医院，旁人就会说一句："去医院做啥，吃点狗肉不就啥事都没有了嘛！"那肯定的语气证实了当地人对花江狗肉营养价值的巨大信任。

安顺狗肉火锅的食材

千百年来，人们一直保留着吃狗肉的饮食习惯，并且不断地将烹饪狗肉的技术加以提高和创新，开创出独特的吃狗肉方法。时至今日，狗肉早已成了当地的一种文化，并在全国都赫赫有名。只要是爱吃狗肉的食客，听到花江狗肉的名字都会忍不住咽口水。

现在花江狗肉不但在花江镇形成了"花江狗肉一条街"的规模，而且被烹饪高手们带出崇山峻岭，在安顺占据饮食的一席之地，以满足食客们的需要。

安顺有很多家卖花江狗肉的餐馆，我们选择的是百年老店王牌王太花江狗肉馆。店里的狗肉有辣的和不辣的两种选择。老板很热情地告诉我们，吃狗肉的话，还是加辣的好吃。

别处吃狗肉都是炖，而安顺吃狗肉却是火锅。先上来汤锅，狗肉切好并整齐地码放在盘子里，盘子边上是用几十种调料做成的蘸料，只等到水开，便可以涮。

水开了，先舀一勺开水将蘸料化开，然后向锅里下入狗肉涮熟。不过建议吃狗肉时不要贪嫩，在涮锅里稍微多涮一会儿，然后再夹起来吃。单吃狗肉不蘸料，一股原汁原味的狗肉香便在嘴里蔓延开来，香味十分浓郁，而且口感很软嫩。只不过有一部分人无法适应狗肉本身的独特香味，在他们看来，这种独特的狗肉香中夹杂有土腥味。如果不喜欢这种味道，那么就蘸料吃。

　　店里的蘸料是老板自己配制的，虽然无法得知究竟是用什么配料调制而成的，但闻起来十分香浓。将狗肉放进料汁儿里面，边蘸边吃，狗肉就没有了那股独特的土腥味儿，反而因为蘸料的香浓而变得十分细嫩香醇。蘸料咸淡适中，风味独特，狗肉蘸上这种料汁儿，那口感就是又麻、又辣、又香。

　　吃狗肉必须搭配狗肉汤。狗肉汤清爽鲜美，正好化解狗肉的香浓和油腻。有句话叫"原汤化原食"，看来还是有道理的。

将狗肉炖熟入味

这样的汤汁炖出来的狗肉又香、又辣、又麻

凉拌折耳根，
褒贬参半的草根

店　　名：黔人百味
地　　址：安顺市黄果树风景区黄果树新城迎宾大道北段福祥酒店
　　　　　楼下
电　　话：18785388900　18334061018
推荐指数：★★★★★

　　从踏进贵州的那一刻起，就能随时碰到一道争议颇多的食材：折耳根。有人说，如果你不爱吃折耳根，便不能领略黔菜的妙处。但这个食材味道独特，所以既有人爱，又有人恨。恨它的人别说吃了，只是闻闻气味就要呕吐；但爱它的人却恨不得一天三顿饭都有它相伴才好。

　　在黄果树景区的黔人百味里，有各种各样用贵州特色食材做成的美食，其中就有凉拌折耳根。我们点这道菜的时候，被旁边的一位老哥听见，他告诫我们：慎点！看他那神情便知道，这是一位刚被折耳根"摧残"过的食客。但他哪里知道，我就是从小吃折耳根长大的。对于折耳根的怪异味道，我可是站在"爱"那个极端的人。

　　儿时在四川老家，我们都会去田埂上挖那些星星点点的折耳根嫩芽。挖来折耳根后，洗净，熬粥的时候放进锅里，这样就能吃到香喷喷的折耳根稀饭了。我可能是从小就吃的缘故，所以我总觉得折耳根独特的味道是香味，但很多人却对这种香味厌恶至极。我想如果他们从小就接触它的话，也会认为这种味道是香味吧。

　　我们也拿折耳根炖肉，但那是在有很多折耳根的情况下，才舍得那么奢侈一把。如果像贵州人这样无论是调料，

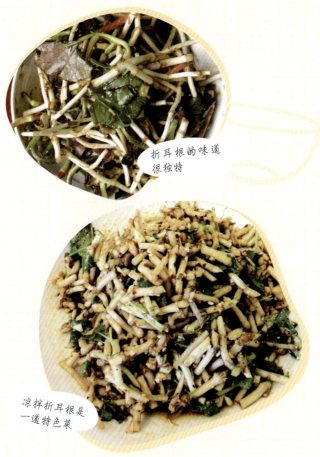

折耳根的味道很独特

凉拌折耳根是一道特色菜

还是汤锅都用折耳根，甚至用来整盘地凉拌，我们是做不到的，因为食材数量实在是太有限了。

很快凉拌折耳根就端上来了。叶子已经被择去，只留下白色的根茎被切成一段一段的。如果不认识折耳根，会以为这是什么野草根呢。事实上，折耳根就是这么普通的草根。除了折耳根，厨师只撒了一些葱末，在白色中点缀上星星点点的翠绿，很养眼。

夹起一段折耳根放进嘴里，清清爽爽的口感让人精神为之一振。咬那根茎，口感极为脆爽。咬开后，舌尖便接触到根茎里面的汁水，朋友们说那是一种极怪的味道，他们甚至不能描述出那种味道来。但我却觉得那是带着一股清香的甘甜，这就是爱和不爱的区别吧。不爱的，怎么都觉得怪；爱的，无论它多么怪异都会食之如蜜。

同桌的朋友们虽然并不排斥它，但也没吃几口就不再碰它了，倒是让我落了实惠。我一个人享用了一盘折耳根，让从离开家乡去北方后就再也没有碰过折耳根的舌尖味蕾过足了瘾。

折耳根长得郁郁葱葱

口感细嫩的土匪猪肝

店　　名：黔人百味
地　　址：安顺市黄果树风景区黄果树新城迎宾大道北段福祥酒店
　　　　　楼下
电　　话：18785388900　18334061018
推荐指数：★ ★ ★ ★ ★

在黔人百味吃饭的时候，我们点了好几个菜。除了折耳根让我过足了瘾以外，还有一道菜勾起了我儿时的回忆。这道菜的名字和口感，和人们对折耳根的态度一样，也是截然不同的两个极端。这道菜的名字叫"土匪猪肝"。

这道菜名可不是凭空而起的，在中国的著名菜谱上真有这个菜名，但它属于湘菜。乍一听感觉这个菜名真的好霸气啊！而且在湘西，盛土匪猪肝的餐具一般选用大号土陶碗，带着一股沧桑的糙劲儿，所以菜名倒是与菜品相符。但这可不是由土匪发明出来的菜，也不是土匪才吃的菜，而是因其在做法和风味上原汁原味地保留了湘西美食的特色，故命名为"土匪猪肝"。

　　不过这儿的土匪猪肝不是用大号土陶碗盛上来的，而是用泛着光的瓷盘。我觉得用瓷盘盛菜更能衬托出美食的颜色和品相来。一道美食首先征服食客的，不就是它的颜色和品相吗？其次才是其口感。

　　土匪猪肝是将猪肝切成薄片，加入一些葱段爆炒而成的。这种做法倒是和儿时父亲常给我们做的炒猪肝差不多。浓郁的汤汁包裹在猪肝片上，泛着一层明亮的光

只有新鲜的猪肝才能保证这道菜的美味

猪肝可以与各种蔬菜搭配

猪肝很细很嫩，
也很化渣

泽。热气里冒出的阵阵香气很轻易地勾起了我们的食欲。
夹起一片猪肝放到嘴里，给人的第一感受就是很嫩滑爽
口，再细细品尝，发现猪肝炒得火候刚刚好，很细很嫩，
也很化渣。

　　朋友们都对这道土匪猪肝细嫩爽滑的口感赞不绝口，
而我被食材的那份新鲜勾起了儿时的回忆。那时父亲还在，
他最爱给我们做炒猪肝吃。他每次去集市上都会带回来一
块猪肝，即使家里已经做好饭，他也要亲自下厨弄一个爆
炒猪肝来，他说，猪肝这道食材就是要吃鲜的，越新鲜越
细嫩，如果放久了，不新鲜了，有再高的厨艺也挽救不了
这道菜。

　　父亲炒的猪肝就和这道土匪猪肝一样，咸淡适中，口
感细嫩爽滑，让人怎么吃也吃不腻。只可惜后来父亲去世
了，我就再也没有吃到过这种口感的猪肝。现在在这里吃
到，心里不由得感慨一番。

百变糯米饭

店　　名：贞丰杜家油糯米饭
地　　址：安顺市西秀区体育路 3 号
推荐指数：★★★★★

作为贵州省美食最丰富的区域，在安顺的大街小巷行走，随处可见卖小吃的摊点。摊点上卖各种各样的小吃，其中就有糯米饭，尤其是在每所学校的门口，几乎都有糯米饭的摊点。一份只卖一块五或两块钱，学生们特别爱吃。可以这样说，安顺的学生们都是吃着糯米饭长大的。很多安顺的孩子离开学校后，为了吃上记忆中的糯米饭，总会回到母校门口去买一份来解馋。

我也曾在一个早晨去糯米饭摊位前，看到很多学生们排着队等着买饭。这个说："张姨妈，要坨糯米饭，两块钱的，不要洋芋，不要肉末，拿手捧起走！"那个说："张阿姨，我要坨糯米饭，一块五的，要折耳根、要洋芋、要腊肉片，手捧起走。"等到同学们都买完了散开，又会围上来一圈成年人。这个说："给我来两块钱的糯米饭，要肉片、要折耳根、要洋芋、要萝卜，装塑料袋拿走。"那个说：

"给我 10 块钱的，要白糖，装塑料袋拿走。"这样的买主是来给家人买早点的。等早餐时间结束后，摊点上的糯米饭也卖光了。由此可见，糯米饭早已像空气一样融入安顺人的生命中。

糯米饭像空气一样融入安顺人的生命中

　　无论是学生还是成年人，从他们选择糯米饭配什么料就可以看出，安顺的糯米饭，主料是相同的，都是同样的糯米饭，但可选的配料却是不同的。因为配料不同，所以口感也完全不同。

　　我也买了一份糯米饭，是拌肉末、折耳根、洋芋、萝卜等食材的油糯米饭。有黏性的糯米饭本来是粘在一起的，但因为加入了油，所以米饭又单独成粒，而且粒粒饱满。米粒吃到嘴里马上就分开，那份饱满给舌尖一种很充盈的触感，细细咀嚼又绵软又香糯。那些配料更是让糯米饭的味道变得丰富，肉末香香的，洋芋粉粉的，萝卜脆脆的，折耳根很清香，这些味道混在一起，让糯米饭的味道变得既丰富而又层次分明。难怪安顺人会这么喜欢吃糯米饭呢，我只吃过一次便被它迷倒了。

　　安顺的糯米饭大多出自街边小摊，没有名号。如果去安顺的话，可以在街边小摊上买糯米饭吃。后来我问了一下当地的朋友，才知道在安顺西秀区，有一家名叫贞丰杜家油糯米饭的餐馆，那里也有糯米饭卖。听这个名号，不知与贵州省的贞丰县有没有关系。我知道贞丰糯米饭是发源于贞丰县的一种油糯米饭，不过贵州省的其他地方也有售卖贞丰油糯米饭的餐馆，它是贵州省境内远近闻名的美食。

　　贞丰油糯米饭的选料比安顺街头的糯米饭要更严格一些，选用的是本地优质精糯米，配的是鸡腿、红烧肉、香肠、特质香料等，再用熟猪油拌和。我只吃过街边小摊卖的糯米饭，没有吃过贞丰油糯米饭。听说那里的选料都是最上乘的，这样做出来的糯米饭肯定会很好吃。当然其价格也应该比街边小摊要贵一些，水涨船高嘛！

贞丰油糯米饭的选料比安顺街头的糯米饭要更严格一些

带折耳根的鸡蛋糕

店　　名：刘记老字号油炸鸡蛋糕
地　　址：安顺市西秀区南水路
推荐指数：★ ★ ★ ★ ★

说起鸡蛋糕，很多人都会和我一样，想起蛋糕房里那香甜暄软的鸡蛋糕。无论是在北京，还是在四川，鸡蛋糕的确都是这样的。因此，在安顺，当听朋友说去吃鸡蛋糕时，我以为会去西式糕点房，谁知朋友却领着我到了南水路一家名叫刘记老字号油炸鸡蛋糕的小店。

她说，安顺的鸡蛋糕有很多家，但这是她最爱吃的一家。看到店里那个标注着中央电视台和贵州电视台都曾经来此采访过的招牌，便可知一二。

老板正忙碌着。他面前有一口油锅，锅里放着几把长柄的模具，锅上有一个篦子，篦子上放着几个炸得油亮金黄的东西，像是甜滋滋的西点鸡蛋糕，又有些像北方的炸糕。只不过空气中没有弥漫甘甜的甜香味，反而有一股肉馅的香气。

朋友点了几份豆浆，又为每人点了三个加肉的鸡蛋糕，然后坐到座位上等待。在等待鸡蛋糕端上来的间隙，朋友给我介绍了一下安顺的鸡蛋糕。我这时才知道，原来油炸鸡蛋糕是安顺、镇宁一带的特色小吃。

这是当地人在长期的饮食实践中独自研制出来的一种特色小吃，主料用的不是面粉，而是大米和黄豆。先将它们泡胀磨成浆，然后调成面糊，倒进模具一半，再加入肉馅，然后在上面用面糊盖上，下油锅炸熟。因为模具的形状就是鸡蛋糕的形状，出来的油炸鸡蛋糕便像极了真正的鸡蛋糕，因此被人们命名为鸡蛋糕。

油炸鸡蛋糕像是甜滋滋的西点鸡蛋糕，又有些像北方的炸糕

油炸鸡蛋糕是安顺、镇宁一带的特色小吃

　　说话间，加肉的鸡蛋糕被端上餐桌来。与鸡蛋糕一起被端上来的还有调料和一碗切成小段的折耳根。看我很惊奇的样子，朋友悄悄说："你不是一直说每道美食都是有灵魂的吗？其实加肉鸡蛋糕的灵魂我看就是折耳根。因为它，给鸡蛋糕引来了更多的回头客。"

　　吃加肉鸡蛋糕的方法很有趣。需要先用筷子把鸡蛋糕弄碎，然后夹一大筷子折耳根放到鸡蛋糕的上面，再把特制的调料浇在上面，就可以开动了。

　　鸡蛋糕因为被油炸过，所以外皮很酥脆，散发着很浓的蛋香。而外皮包裹的馅儿很嫩滑，有浓浓的肉香。这两者混合在一起，很是香鲜可口。但若只是它们的话，一定会让人油腻反胃。幸亏有折耳根在其间，折耳根那奇特的异味不但可以盖住油炸的油腻味，还可以让肉馅变得更加细嫩。没有折耳根，一整盘鸡蛋糕便与普通食品一样，很难脱颖而出。照这样说来，朋友说"折耳根是加肉鸡蛋糕的灵魂"倒是极对的。

纳雍县

郎岱凉粉

菌界养生食坊

刘记怪噜饭店

夜郎王烙锅

晴隆县

富源县

普安县

管大妈荷叶糯米鸡

兴仁县

兴义市

Part 6

六盘水　去大峡谷寻找原味美食

西部煤都，盛产的并不只有煤矿，还有最美的原味。在盘江峡谷中，在丹霞山上，在那绿油油的草场上，到处都有最纯净的食材，随时都能品尝到最纯正的原味美食。

荷叶糯米鸡，
包裹在荷叶里的美食

店　　名：管大妈荷叶糯米鸡
地　　址：六盘水市盘县红果镇胜境大道89-1
电　　话：0858-2168860
推荐指数：★★★★★

贵州省的六盘水市是一个山奇水秀的地方，这里居住着30多个民族，他们或居住在高原草场，或居住在竣险峡谷。他们日常生活的食材来源全是本地所产。六盘水人崇尚美食的原味，因此在烹饪过程中基本上不用各种合成调味品，只用简单的方法就能做出原汁原味的美食。

他们从荷塘里采摘荷叶和糯米搭配在一起，做成荷叶糯米鸡；从河里捞出的鱼打理干净即可下到汤锅里，做成野生鱼火锅；从地里挖出洋芋来做烤原味洋芋等。这些原味美食制作简单，但比那些用各种调味品堆砌出来的豪华菜肴要香很多。其中，荷叶糯米鸡最受食客们的欢迎。

在六盘水，想要吃鸡肉的话，一定会有人推荐盘县荷叶糯米鸡，它是六盘水市盘县的传统美食。荷叶糯米鸡在盘县当地算是一道名菜，也是一道小吃。既能在各种宴会的餐桌上品尝到它的美味，也能在街边的小摊点上看到它的身影。人们不可能每天都参加各种宴会，但隔三岔五地在宴会上吃一顿荷叶糯米鸡是不解馋的，那么就可以去小摊点买上一份，大快朵颐一番。

　　我吃到的荷叶糯米鸡是朋友从盘县带过来的。在盘县县城里面有几家做荷叶糯米鸡的，我吃的是在红果镇政府附近买到的管大妈荷叶糯米鸡。

　　荷叶糯米鸡最好是趁热吃，买回来若是凉了的话，可放在热锅中加热一下。等到糯米鸡热透，掀开锅盖，荷叶的清香便扑鼻而来。打开荷叶，一个淡黄色泛着光泽的饭团便露了出来。糯米饭应该是洁白的，但因为糯米饭团里有鸡肉，蒸熟后鸡肉里面的油脂流出来渗入饭团，所以把糯米饭都染成了淡黄色。饭团里还裹着饱满的白果和板栗，看起来就让人很有食欲。将饭团用筷子拨开，可看到糯米

荷叶和糯米搭配在一起，做成荷叶糯米鸡

饭里面的鸡肉和香菇，而荷叶糯米饭的清香这时变成了浓郁的醇香，鲜味四溢。

荷叶糯米鸡吃到嘴里细细品味，可感受到糯米不但润滑黏糯，而且因为鸡肉的香气也都渗透到糯米里面，所以糯米饭比起平日里的糯米饭要多一股肉香，十分可口。荷叶的香气又透过糯米浸润到白果和板栗里，吃起来不但极为绵软，而且满口清香，风味十分独特。

如果食客们去不了盘县，也不要因为没有吃到荷叶糯米鸡而有遗憾，因为这道菜完全可以在家里做。但一定要注意，做荷叶糯米鸡最好选择鲜荷叶，因为用鲜荷叶做出来的糯米鸡会更加清香扑鼻。

荷叶糯米鸡最好是趁热吃

做荷叶糯米鸡最好选择鲜荷叶

烙锅容天下，
不吃遗憾大

店　　名：夜郎王烙锅
地　　址：六盘水市六枝特区人民路丰鑫百货大楼对面（新华宾馆楼
　　　　　下，新干线超市 5 分店超市门口）
电　　话：13885830492
推荐指数：★★★★★

"**到**了贵州的六盘水，如果没有吃烙锅的话，会是一件很遗憾的事情。"但凡到过六盘水的食客在说到六盘水的美食时，都会发出这样的感叹。所以到了六盘水，一定要吃一顿烙锅。只要吃一顿，你还会想吃下一顿，"烙锅"就是一种好吃到停不下来的贵州美食。

烙锅的发源地在六盘水市的水城县。据水城厅志记载，在明末清初时，平西王吴三桂兵攻水城，当地百姓为逃避战争，纷纷逃进山里。山里没有炊具可用来做饭，他们便取瓦片置于火上烧热，将各种食材烤烙熟后充饥。后来战争平息，百姓们回归乡里，也把这道美食的烹饪技术带回家。只不过将瓦片改成了平底铁烙锅，而食材却依然不受限制，山珍、海味、家禽、野菜等全部可以入锅烙。可谓

焙锅可焙各
种食材

是一锅容天下。

　　我们是在六盘水的六枝特区吃到焙锅的，当时住的宾馆楼下恰好有一家名叫夜郎王焙锅的焙锅店，便选择了这一家。晚上发现，整个街心花园一条街全部是卖焙锅的，我们便又吃了一顿。总体来说，环境都差不多，但味道和口感比起来，我觉得还是夜郎王焙锅要略胜一筹。

　　因为任何食材皆可入锅，所以每一个焙锅店的菜式都很多，夜郎王焙锅店也不例外。我们点了牛肉、鸡翅、土豆丝、臭豆腐、大虾、鱿鱼和无头鱼，还有好多蔬菜。老板帮我们把焙锅热好，便开焙了。

　　焙锅可以一边焙一边吃，每个食客面前放一碟辣椒粉，倘若外地来的食客不能吃辣，便可以配一碟蘸料。挑选焙熟的食材蘸上辣椒粉，就可以开吃了。在吃的过程中我发现，虽然各种食材放在同一口锅里面，却并不影响各自的口感。

烙牛肉用的应该是黄牛肉，肉质松软，比卤牛肉和炖牛肉都要鲜嫩，而且汁多香浓，吃起来让人欲罢不能。

鱿鱼的风味很独特，我在北戴河吃过大轰炸鱿鱼，比一般的铁板鱿鱼更筋道，但烙鱿鱼却比大轰炸鱿鱼还要筋道。而且老板有特制的酱汁，往鱿鱼上抹一点，再撒上点葱花，蘸点辣椒粉，又香又辣，很有嚼劲。

我是不吃臭豆腐的，却在贵州破了例。上一次是大方手撕豆腐，这一次是烙锅臭豆腐。臭豆腐烙熟后蘸一点辣椒粉，味道喷香。虽然在我的潜意识中是拒绝臭豆腐的，但我的手却很诚实地将它送进嘴里。我之所以能够吃烙锅里的臭豆腐，除了烙锅这种烹饪形式外，老板家的辣椒粉也是关键。他家的辣椒粉并不十分辣，但非常香。

我没有吃无头鱼，但朋友们吃了不少。她告诉我鱼肉这样烙起来吃比用别的方法做出来的要嫩很多。

烙锅用来烙鸡翅也是极好的

吃烙锅最大的乐趣还不在于食材的美味，而是自己动手烹饪。因为你要区分蔬菜和肉类的火候，还要注意不能把油溅到身上。虽然比起其他吃法要费事费力辛苦一些，但平日里吃饭从未撑到的我，那天却吃撑了。

而且，我还发现了一个很奇怪的现象，我吃了很多辣椒，要是在平日里，我早就被辣到燥热了。但那天一顿饭下来，我竟然一点也不觉得燥热。后来才知道，原来六盘水的气候凉爽滋润，所以多吃些辣的菜也不会感到燥热难耐。看来，六盘水果然不负"凉都"这个称号。

焙锅鱼是创新吃法

怪噜饭，
随心所欲的混搭

店　　名：刘记怪噜饭店
地　　址：六盘水市钟山区向阳南路 8 号
推荐指数：★ ★ ★ ★ ★

估计"怪噜"这个词对很多人来说都很陌生，对我也是，刚听到这个词的时候感觉就像听到了外语。后来才知道这是贵州人的发音，就是用来形容复杂的东西。比如一个人性格复杂古怪叫"怪噜"，一种饭食材搭配复杂叫"怪噜"，一道菜肴调料繁复也叫"怪噜"。怪噜饭里面配有很多种食材，而且它不像盖浇饭那样，把菜炒熟盖在米饭上即可，而是把食材和米饭混在一起。最与众不同的是，它从不局限于食材的搭配，手里有什么原料只管加进来就是。我还从未见过哪一道菜可以如此随心所欲地将食材混搭在一起。

在六盘水的街头巷尾，随便哪家小饭店里都有怪噜饭卖，我是在一家名叫刘记怪噜饭店的街边小店吃到怪噜饭的。当时点它，完全是被它的名字所吸引，就想对怪噜饭如何怪法一探究竟。等一份怪噜饭端到面前，我这才明白，原来它的食材搭配竟然可以如此丰富，而又不受任何限制。

我吃的怪噜饭里有腊肠、肉片、芹菜、玉米、红芸豆、红辣椒、折耳根、酸菜、西兰花，我能叫上名字的食材就有这么多，还有一些我叫不上来名字的食材。这么多食材混搭在一起，红、橙、黄、绿、白，五颜六色特别好看。后来我路过别的怪噜饭店时，进去看了一下，其食材搭配又和我吃到的不一样，果然怪噜饭的食材搭配任性得很。

别看怪噜饭很任性，可是它还是有原则的。每一家饭店的怪噜饭里几乎都有腊肉或腊肠、折耳根、酸菜，这三样是怪噜饭的"官方标配"，其他食材则可由厨师自己随意添加。

怪噜饭最好趁热吃，各种食材都被切成比饭粒大不了多少的小丁块，所以舀一勺怪噜饭放进嘴里，也就把各种

怪噜饭很任性，也很
有原则

家常怪噜饭

香辣怪噜饭

食材都一起放进了嘴里。然后你就任舌尖细细去品味各种食材的滋味吧：腊肠醇香、肉片嫩香、青菜清香、芸豆粉香、酸菜脆香、辣椒辣香……每一种食材都保留各自的香气，而这些香气又融合在一起，因此怪噜饭的味道层次分明而又异常丰富。

在这么多的味道中，最独特的是折耳根和酸菜的味道。炒怪噜饭是要用到油的，一般油炒饭都比较油腻，而酸菜的酸正好中和了这份油腻，让怪噜饭吃起来始终爽口。而折耳根的特殊香气则在怪噜饭中起到了一个协调其他食材香气的作用，有了它，其他香气才能够层次分明。如果没有折耳根的特殊香气，怪噜饭其实也就只是一道普通的炒饭大杂烩而已。

清淡鲜美的菌子火锅

店　　名：菌界养生食坊
地　　址：六盘水市钟山区麒麟路口德远城中湾畔内（永辉超市正对
　　　　　面小区内）
电　　话：18985910902
推荐指数：★ ★ ★ ★ ★

我在六盘水时，恰好赶上同行的一位朋友过生日，自然是要找一家餐厅庆祝一下的。当地的朋友得知生日寿星的口味清淡，于是帮我们在市里的菌界养生食坊订了座位。

踏进门，服务员便很热情地迎上来，后来这位服务员全程都在为我们服务。她一直带笑容，说话也很温柔体贴。后来我发现，这家店里的服务员的态度都很热情，在这样的环境中用餐，让人心情很愉悦、很舒服。所以做餐饮业，菜品是关键，服务也是关键。

名为菌界养生食坊，店里的菜品自然是讲究养生的，所以每一道菜在搭配上都以养生为主，其中菌菇是养生界的代表菜。它们热量低，含有丰富的维生素 E 和卵磷脂，对女性美容有很大的益处。除此之外，菌菇类还含有被专家称为美肌酸的不饱和脂肪酸，它能够使人的容貌变得细腻丰满，皮肤也变得光滑润泽。除了有美容养生的效果，这些菌菇还都是可荤可素的食材，用它们炒菜口感会薄而不淡，如果用它们来做菌汤，口感又会浓而不腻，因此一直以来，菌菇类的食材都被人们视为山珍。

菌界养生食坊的主菜是菌子火锅。菌类是我最喜欢的蔬菜之一，因此我们点了一个菌汤锅底，以及鲜肉片、香菇菌、杏鲍菇、青冈菌等七八种菌类，另外还点了几个配菜。他家的菜品很丰富，口味也很齐全，但我最期盼的还是菌子火锅。

菜很快都端了上来了，菌子火锅的汤也开锅了，汤在砂锅里滚开着，冒着淡淡的香气。我们陆陆续续地把肉片和菌菇下到锅里。肉片很嫩，稍微涮一下就可以捞出来吃，反而是菌菇需要在汤里多滚几下才能吃。菌菇因品种不同，所以口感也不一样，有的清香甜美，有的柔润甘滑，还有

把各种菌菇放进去，就是一锅鲜味十足的火锅

菌子火锅讲究的是各种菌菇食材

的爽脆浓香，有七八种菌菇，就有七八种口感，让人停不下筷子。

但这些还不是最妙的，最妙的是菌菇汤。平日里咱们炖菌菇汤，只放一种菌菇在汤里，所以汤味会很浓香，但很单一。而在这里，因为菌菇种类多，所以汤的口感也随时变化，或清香，或浓郁，或辛辣，或微甘等。每一种口感都让人沉醉。最关键的是，无论你放入什么菌菇，菌菇汤都会鲜美无比。

除了菌菇汤，其他的配菜味道也都很好。我尤其喜欢泡萝卜，清清脆脆的，很可口，也很下饭。

在这里吃饭，店里还给了我们一个惊喜。正吃饭时，几个员工在领班的带领下走进来，端着一盘寿桃和一碗寿面，说这是送给寿星的，并祝福她。我们当时真的是又惊喜又感动。一家店能够把服务意识提高到这一步，真的是已经走到了餐饮业的前列。

似凉皮却非凉皮的卷粉

店　　名：郎岱凉粉
地　　址：六盘水市钟山区政府北路事成酒楼对面
电　　话：13595841594
推荐指数：★ ★ ★ ★ ★

在六盘水，我遇到了一道有争议的美食：卷粉。在贵阳有一种美食名叫剪粉，有人说卷粉就是剪粉，只是因为六盘水人的发音导致剪粉听起来像是"卷粉"，所以久而久之，剪粉在六盘水就成了卷粉。但也有当地人否定说，剪粉是剪粉，卷粉是卷粉，它们是两种不同的美食。对于一个只吃过卷粉的外地人来说，这个争论究竟谁对谁错我还真不知道。

我是在六盘水市钟山区政府北路事成酒楼对面的郎岱凉粉店吃到卷粉的。店里很干净整洁，老板人也很客气，很热情。我们去的时候只有老板一个人在店里忙碌，因为不是吃饭的时间，客人不是很多，估计到了吃饭时间，一个人是忙不过来的。

　　我们点了两碗卷粉，很快就上来了。看着餐桌上的卷粉，我恍然大悟，原来卷粉就是陕西凉皮啊！朋友听了我的话，连忙否定："不是的，这是两种不同的美食。"我对朋友的话不以为然，因为卷粉和陕西凉皮实在是太像了：洁白剔透的粉皮被切成一指半宽的条，再配上特制的辣椒水。

　　朋友说："无论外形有多一样，内在却不是相同的。你尝一尝就知道了。"

　　我将信将疑地吃了一口卷粉，只吃第一口便已经相信

想吃什么口味的卷粉，随你自己调配

了朋友的说法：这两者还真不是一回事。凉皮是以高筋面粉制作成的薄而剔透的粉皮，而卷粉却是用米浆做成的晶莹剔透的粉皮，口感比凉皮要更加筋道。其调料也与凉皮不同，凉皮一般配黄瓜丝，加入麻酱。而卷粉是不配搭别的食材的，只撒上一点葱末，再加入一些辣椒水，拌匀后就可以开吃。这辣椒水是老板特制的，看起来红艳诱人，闻起来香而不辣，吃起来油而不腻。拌匀调料的卷粉更加柔嫩顺滑、鲜美香辣，口味很纯正，味道很足，非常爽口。

后来，朋友告诉我，因为卷粉是用大米制成米浆后倒进模具，等到晾干凝固后再蒸熟的，因此这种卷粉有一个凉皮所没有的特点，那就是可以下锅煮，而且不会煮烂。凉皮是不能加热的，否则就会烂掉。

六盘水人很喜欢吃卷粉，除了因为卷粉光滑筋道，醇香诱人外，还因为它价格不贵，分量足，一碗几块钱的卷粉就能吃饱，性比价十分高。

在六盘水，一般卖卷粉的摊位还卖荞凉粉和豌豆凉粉。荞凉粉是将荞子去壳磨粉后加入适当明矾制成的，吃起来生津解暑，清凉降火。豌豆凉粉和四川的豌豆凉粉差不多，区别在调料上面，口感也很光滑清爽。郎岱凉粉店里也有豌豆凉粉，于是我们又点了一碗豌豆凉粉来吃，味道也很不错。

白石岩

天河公园　　　　　　观音桥街道

一碗水

沔渔汇 ●

周家湾

熊家凉糕 ●　　● 康家脆哨面
　　　　　　●
安卤噜烫菜馆

● 天下无二

阳山森林公园

草提冲

大地沟

邱家院子

刘家洞　　　　　　两路口

Part 7

毕节 天然药园里的珍馐美味

　　在这座中国最丰富的天然药园里，有别处吃不到的美味：天下无二的鸡丝粥，世上无双的烫菜香，与众不同的脆哨面，还有琵琶一样的火腿，这些到了毕节一定要去尝一尝。

香菇鸡丝粥，
天下无二

店　　名：天下无二
地　　址：毕节市七星关区学院路 516 号交警支队北邻（盛世华都毕
　　　　　节美食街）
电　　话：0857-8269288
推荐指数：★ ★ ★ ★ ★

与贵州省的其他城市相比，毕节市降雨量更加充
沛，四季也更加分明，所以这里盛产各种农特
产品。我们都知道，每一种天然食材都或多或少具有药性，
由于毕节的自然环境好，所以这些食材的药性就比其他地
方的要浓郁一些，所以毕节又被称为天然药园。

在六盘水吃菌菇类美食，到毕节更得吃菌菇类的美食，
因为这里盛产各种各样的菌菇：青堂菌、奶浆菌、刷把菌、
鸡油菌、核桃菌等。擅长厨艺的毕节厨师们能够轻而易举地
分辨出哪些是有毒的，哪些是无毒的。他们把无毒菌菇做成
美味，供食客们享用。我在毕节也吃过由菌菇类食材做成的
美食，不过我吃的不是菌子火锅，而是喝的香菇鸡丝粥。

我是在天下无二港式粥吧喝到香菇鸡丝粥的，之所以

选择这里，是因为当地的朋友推荐说他家的粥熬得很好，而且店家很热情，服务也很上乘。当地的朋友告诉我，只要一到美食街，她就会到这家粥店来喝粥、吃饭。因为这家店不但粥的味道好，而且还物美价廉，性价比相当高。

当然，除了粥之外，他家也有别的菜品：铁板牛肉、炝锅鱼、豆豉回锅肉、韭菜小河鱼等。朋友点了4个菜，但我觉得喝粥的话，是根本不用搭配这些熟菜的，有一碟自制的拌萝卜就很好，脆脆爽爽的用来下粥，简直是最好不过的了。听了我的话，服务员告诉我们，店里还真有拌萝卜，我当即要了一份。

店里的粥分很多种：香菇鸡丝粥、皮蛋瘦肉粥、枸杞菠萝粥、芦荟百合粥等。你喜欢什么口味的粥，就可以点什么样的。因为粥多选择余地大，所以每一个顾客都能在这里找到适合自己口味的粥。我因为在六盘水吃菌菇汤锅很适口，决定再来一个菌菇类的粥，于是便点了香菇鸡丝粥。

从点完菜到香菇鸡丝粥被端上桌子，大概用了一刻钟的时间。粥装在一个砂锅里面，掀开盖，热气便冒出来，

在白色的粥里面，有很多香菇和鸡丝

随着热气飘散在空气中的还有浓浓的粥香。

仔细看砂锅里，白色的粥里面有很多香菇和鸡丝，用料很足，这一点倒是让人为它点赞。一般的粥店里面，都是白米粥里只有星星点点的搭配食材，而这份粥里的食材很充足，真的值得夸赞一下。

香菇的营养就不说了，只说口感和味道。我舀了一勺粥吃，只感觉香菇很滑很鲜美，鸡丝不但不柴，反而很嫩很香。因为有香菇和鸡丝，白粥的口感也变得丰富而浓香起来。

总的来说，香菇鸡丝粥是一款比较清淡的粥，不过用拌萝卜来配搭就更好了。拌萝卜很脆，还有点辣，吃起来香甜可口，用它来佐香菇鸡丝粥，正好弥补了香菇鸡丝粥的清淡，是绝好的搭配。我就着拌萝卜喝下了两碗粥呢。

第一眼看到店名的时候，心里还暗暗想，这家店未免有些太夸张，喝完粥后，再看牌匾上"天下无二"四个大字，觉得名副其实。

美味的香菇鸡丝粥

没有卤汤，不为烫菜

店　　名：安卤噜烫菜馆
地　　址：毕节市七星关区桂花路腾龙凯悦酒店对面
电　　话：0857-8335889
推荐指数：★★★★★

曾经有个朋友问我，烫菜和麻辣烫是不是一回事？我当时愣了一下，仔细想想这两种美食的烹饪方法，用"大同小异"来形容倒是蛮正确的。相同点是两者都要涮好多食材，不同点是烫菜属于一锅端，烫好后端上餐桌；麻辣烫则是在餐桌上慢慢烫。

我们在毕节时，在安卤噜烫菜馆吃了一顿烫菜，现在回想起来，还觉得余香在舌尖萦绕呢。

安卤噜烫菜馆就在毕节市一中附近，沿着窄窄的楼梯上到二楼，服务员马上迎上来热情招呼。听说我们是外地来的，服务员贴心地把我们安排到临街的窗前，让我们可以透过玻璃眺望外面街头的风景。服务员好，环境也不错，屋里摆了许多小盆栽，很是好看，在角落里还有一个小小的图书角，给人一种人文气息浓郁的感觉。

　　店里有很多用来做烫菜的食材：荤菜有肉片、牛筋、板筋、肉皮等，素菜有白菜心、莴笋尖、洋芋、莲花白、海带、泡豆腐、自制苕粉等。熟悉安卤噜烫菜馆的朋友说，安卤噜烫菜馆的宗旨就是做最健康、最干净的美味餐饮，所以在选材和制作上都特别用心。

　　他们首先选择市场中最优的食材和最新鲜的时令蔬菜，然后开始制作。因为烫菜是烫熟即吃，所以蔬菜一定要清洗干净。安卤噜烫菜馆清洗蔬菜有自己的一套规则：首先

一锅好的烫菜是不是美味，关键在卤汤

烫菜是烫熟即吃，所以蔬菜一定要清洗干净

分拣，好的留下，坏的都扔掉，然后用盐水浸泡以溶解蔬菜表面的脏污。10 分钟后用水清洗，再用活水冲洗，最后晾干，就等着下锅烫菜了。用这样繁琐的工序来处理蔬菜，能最大限度地确保菜品的清洁卫生，让食客们吃上放心的美食。

烫菜做熟端上来，只见满满一大碗里有肉皮、肥肠、白菜心、自制苕粉、肉、泡豆腐等十来种食材，此时它们都冒着热气和香气。食材大多是清淡的蔬菜，但透着浓郁的菜香。后来我才知道，原来这是因为卤汤的缘故。

一锅好的烫菜是不是美味，最关键的是卤汤。没有卤汤，不为烫菜。安卤噜烫菜馆的卤汤采用筒子骨熬制出骨汤，里面加入上等配料，并配以独家红油制成。用这样的卤汤做出来的烫菜很香浓，肉皮和香肠都收拾得很干净，吃起来完全没有异味，除了有骨汤的浓香外，口感也是又软又糯，好吃极了。其他的菜也有卤汤的浓香，吃起来清爽可口，并不油腻。这可能是因为骨汤里放了独特配料的缘故。

烫菜之所以这么好吃，除了卤汤之外，辣椒水也功不可没。在安卤噜吃烫菜的时候，我们用的是自己调制的辣椒水，还会搭配酸萝卜。我很喜欢酸萝卜和木姜子油的味道，很开胃。

用筒子骨熬制出骨头汤
做出的烫菜很美味

石锅四鳃鱼，
与对坡鱼的不期而遇

店　　名：沔渔汇
地　　址：毕节市七星关区花牌坊毕东加油站旁
电　　话：0857-8708900
推荐指数：★★★★★

🍲 🕐 👩 ℹ 🚻 🅿

吃 到石锅四鳃鱼，真算是一场偶遇。当时我们要
去美食街，车在半路出了一点故障，于是四处
寻找修车店。找到修车店后，一抬头便看到了"沔渔汇"
的牌子，牌子上"石锅对坡鱼"五个字吸引住了我们的目
光。关于对坡鱼，我们是有所了解的，它是毕节市七星关
区对坡镇的特产。既然是寻找毕节美食，对坡鱼是不能错
过的，就这样，我们与对坡四鳃鱼不期而遇了。

对坡鱼是昆明的裂腹鱼，从外形上看，有两个真鳃，
还有两个假鳃，所以又名四鳃鱼。据说四鳃鱼只能在对坡
镇的沔鱼河水里生存，一旦离开沔鱼河水，就会死亡，所
以又被称为沔鱼。因为这种鱼珍贵稀罕，所以在唐宋时期，
此鱼被当成贡品进贡给朝廷皇上享用。但因为四鳃鱼离开
沔鱼河就会死掉，皇上只得下旨免贡。也就是说，皇上想

石锅鱼，其实就是鱼火锅

石锅四鳃鱼非常鲜嫩

要吃到对坡四鳃鱼，也必须亲自来到毕节，才能享用美味。

　　石锅鱼，其实就是鱼火锅。在餐桌的中间有一个空槽，专门用来放置火锅，下面可加热。锅里是已经熬好的高汤，里面有葱段等各种调料。桌子上每人一份蘸料，里面是红艳的辣椒酱、翠绿的葱末，还有一些不知名的配料，闻起来有一股独特的辣香味儿。

在餐桌的中间有一个空槽，专门用来放置石锅

等到高汤再次烧开翻滚时，就可以下料了。将早已处理干净的四鳃鱼放进锅里，随着滚烫的高汤将鱼片烫熟，整个包间里香气扑鼻，让人食指大动。

石锅四鳃鱼非常鲜嫩，烫熟后用筷子夹起来轻轻一抖，鱼刺就会自然滑脱，再把一些小鱼刺择干净，便只剩下鱼肉。蘸上料后放进嘴里，鱼肉的细嫩清香交织着蘸料的香辣，刺激着味蕾，口感特别过瘾。而且这样做出来的四鳃鱼油而不腻，香而不腥，吃完之后，毫无异味，只剩下浓香味经久不散。

吃完鱼后，一定要就着浓郁的鱼汤下一些配菜来吃，这样才是一道完整的石锅四鳃鱼，否则是不完整的。配菜有金针菇、冬瓜片、白豆腐等，你喜欢什么配菜，就可自己挑选什么配菜。用四鳃鱼鱼汤涮这些配菜吃，味道非常鲜美爽口。

康家脆哨面，
一汤一面醉倒众生

店　　名：康家脆哨面
地　　址：毕节市七星关区公园路与威宁路交会处
电　　话：0857-8253017
推荐指数：★ ★ ★ ★ ★

早在贵阳的时候，当地朋友就推荐吃康家脆哨面，但因为时间太紧，就没有去吃。不过也知道康家脆哨面是毕节的传统美食，所以决定到了毕节一定要吃一碗康家脆哨面。据我们所知，康家脆哨面在毕节的七星关区有两家店，我们就近去了其中一家。店外的大白牌匾上写着"康家脆哨面"的字样，店里的墙上挂着"毕节市十佳特色小吃店"的招牌。

坐下来后，当地的朋友向我们介绍了康家脆哨面的起源。早在 80 年前，贵州的康家父子就创立了康家脆哨面这个品牌，因为面好脆哨香，所以吸引了无数食客们前来品尝。随着各地食客对康家脆哨面的喜爱，康家脆哨面便流传到全省很多城市，并在当地开了分店。时至今日，康家脆哨面已成为贵州省有名的小吃之一。

脆哨是脆哨面中的灵魂

很快，脆哨面就端了上来。脆哨是贵州特有的一种食材，我在贵阳的四合院里面第一次吃到脆哨，便和贵州人一样，深深地喜欢上了这种食材。因此再看到脆哨时，我不由得食欲大开。

乍一看，康家脆哨面和四川宜宾燃面有些相似：煮熟控干的面条，上面撒上一层红艳艳的辣椒粉，辣椒粉上面是香气扑鼻的脆哨。与燃面不同的是，康家脆哨面的汤内有各种配料，加有竹荪、豆腐脑、海带等，鲜爽至极。面条则是用精粉加鸡蛋等制作而成的，先蒸熟晾干，再放入开水中烫一分钟左右捞起，即可食用。康家脆哨面之所以比贵州一般的脆哨面有名，除了特有的脆哨，鲜爽可口的汤也是原因之一吧。

在吃面之前，先夹起一粒脆哨放进嘴里，那哨子脆香回甜，让人回味无穷。拌匀之后，吃一口面条，醇香味浓。面条虽然细，但很筋道。吃完一口面条，一定要记得喝一口汤。康家脆哨面的汤很清亮，一点也不像别的面汤那样浑浓，其味道很鲜，喝一口汤正好解了脆哨和面条的浑腻，让人的舌尖有一种清爽的舒适感。

后来回到家，我也尝试着做了康家脆哨面来吃，但味道总是不如在毕节吃的那般鲜美爽口。和朋友说起此事，朋友说是脆哨没有做好。正宗的康家脆哨面里面的脆哨，是用独家方法做出来的，不得要领，自然就做不出同样的味道来。看来想要吃到正宗的康家脆哨面，还是要去贵州。

面好脆哨香

冷吃热吃两相宜的凉糕

店　　名：熊家凉糕
地　　址：毕节市七星关区威宁路
推荐指数：★★★★★

在毕节，我想起了四川凉粉，只可惜山高路远，一时也吃不到嘴。朋友说："吃不到凉粉没关系，我带你去吃凉糕。"

一路上，朋友告诉我，凉糕是毕节著名的小吃，外形和凉粉差不多，只不过制作凉糕的原材料不是豌豆，而是大米。将大米浸泡磨浆，做成豆腐状，然后切成块或条放进碗里，再配上各种配料拌匀即可食用。

毕节有好多家做凉糕的店，但朋友说她从小是吃熊家凉糕长大的，这样算来，熊家凉糕还是一家老字号小吃店了。于是我们便去了熊家凉糕店。

因为不是吃饭时间，所以店里客人不多，我们点了两份凉糕。很快凉糕就端上来了，凉糕切成块状码放在碗里，上面放有葱花等配料。在配料上面浇淋用红油、酱油、醋、蒜汁等调料调成的料汁儿。如果不说的话，真的会以为这是一碗四川凉粉。

虽然外形酷似四川凉粉，但吃起来就会知道这和四川凉粉不一样。辣椒油香香的，却不是很辣，不像四川凉粉那样辣得让人掉眼泪才善罢甘休。四川的凉粉可能是用豆类做成的缘故，吃起来有一定的硬度，而凉糕是没有的，它光滑滑、清爽爽，吃到嘴里有一股浓浓的米香。

朋友说，她们儿时经常把凉糕当成早点。那时候的毕节出租车司机们都是早早地去凉糕店吃一碗凉糕，在回味无穷的麻辣鲜香中开车载客。那时候做凉糕的店不多，她每次去凉糕摊吃凉糕，都会看到桌椅板凳密密麻麻地摆着，上面坐满了人，每人端着一碗凉糕在吃。她每次都要等一会儿，等有空座位才能坐下来享用一碗凉糕，而且还要快点吃，因为后面还有人排队等候呢。而现在，凉糕摊变成了凉糕店，桌椅也多了，能够坐在店里安然享用凉糕。而且加热的凉糕还可以加肉变成荤菜呢。冬天，老板就会加入肉和豆芽，或酸菜之类的配菜，与凉糕一起来煮着吃。这样子煮出来的凉糕比起夏天吃的素凉糕，又是另一种口味了。

光滑滑、凉爽爽的凉糕

威宁火腿，
美味"琵琶腿"

品　　名：威宁火腿
地　　址：毕节市各大超市
推荐指数：★★★★★

在毕节，我买了一种美食快递回家，想让家人与我一样品尝毕节的特色美食，这道美食就是威宁火腿。在中国，有很多种火腿，其中以金华火腿最负盛名。能够与金华火腿齐名的贵州火腿，当属威宁火腿。

威宁火腿，顾名思义自然是毕节市威宁县生产的火腿，当地人把猪后腿做成一只琵琶的形状加工而成。乍一看，威宁火腿外表油黑油黑的，表面还有一层黑绿色的盐霜，看外表实在是粗犷得很，一点也不赏心悦目。但你若是用竹签刺进肉里，拔出牙签细细闻一闻，就能嗅到阵阵香味从细孔里面溢出来。这芳香足以让人忽略掉它邋遢的外表。

威宁火腿之所以能够如此醇香，是因为它的原材料为可乐猪和法地猪。威宁海拔 2 000 多米，属高寒的乌蒙山区，漫山遍野生长着丰富的牧草，历史上畜牧业就十分发

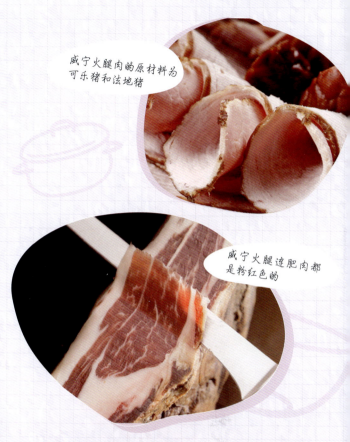

威宁火腿肉的原材料为可乐猪和法地猪

威宁火腿连肥肉都是粉红色的

达。当地的彝族同胞又有赶山放牧的习俗，他们将本地的可乐猪和法地猪等与牛羊同群为伍。由于运动量大，所以猪腿肌肉非常发达，结实饱满，肥瘦肉交错。而这些正是制作火腿最好的食材。于是威宁人便把猪后腿都用来做了火腿。

　　火腿之所以闻起来很香，除了火腿本身是优质猪后腿外，还有用火熏制的功劳。与别处制作火腿的方法差不多，威宁火腿也是杀猪后不吹即刮猪毛，并用刀把猪腿切成琵琶形状，因此威宁火腿又被称为"琵琶腿"。然后将杂骨剔净，挤掉血水，涂上各种调味料后，挂在火炕上用火熏制。只不过与其他地方做法不同的是，他们用湿松枝、湿柏枝和酥麻秆来熏烤火腿。用这些材料熏烤出来的火腿不流油、不变味，而且香味更加浓郁芬芳。

威宁火腿可用来与其他菜配搭爆炒，也可用来单独做凉拌菜。将火腿洗净，去掉油黑色的表壳后切开，威宁火腿便露出精美的一面，清晰的纹理，鲜红的色泽，又嫩又腻的让人看到就很有食欲。用这样的食材来做美食，无论是蒸炒，还是冷吃，肉质都很细嫩，肉香沁人心脾，吃起来满口生津。

倘若你到了毕节想要购买威宁火腿，可以去超市里看看。威宁火腿分为新腿和老腿两种。头年腌制好，一直到次年秋季前出售的是新腿。新腿肉质层次分明，内部香气诱人，吃起来滋味十分可口。老腿是指头年做出，第二年

清晰的纹理，鲜红的色泽，让人看到就很有食欲

秋后才开始售卖的火腿。老腿切开后，就连肥肉都是粉红色的，肉质紧密，水分少，油光滋润，味道很是鲜美。

在威宁，也有很多家做火腿的，其中黑石、金钟、幺站三镇的火腿做得最好。购买的时候，倘若有选择余地的话，建议选这三地的。当然，其他地方的火腿自然也是很不错的。

威宁火腿又被称为琵琶腿

遵义会议期间
秦邦宪住址

公园路蜜蜂堂

子尹路

大队长主题火锅（老城店） ●

黔香苑酸汤馆 ●

民主路

● 捞沙巷小吃店

四方台一院

● 贵阳但家香酥鸭

子尹路

瑞安花园

Part 8

遵义　赤水河边，
　　　　美食人家

　　　　赤水河抚育了这座黔北重镇，赤
　　　水河水烹饪出的美食分外鲜美，赤水
　　　河边的茶场弥漫着茶的清香……

酸汤圆子火锅，
酸与鲜的极致

店　　名：黔香苑酸汤馆
地　　址：遵义市红花岗区老城新街德克士楼上（盛凰影城旁边）
电　　话：0851-28228867
推荐指数：★★★★☆

贵州的饮食主调为酸，其代表美食为酸汤。在贵州的每一座城市里都能吃到酸汤，其中尤数凯里市的酸汤最为典型。各座城市因为配搭的食材不同，而衍生出许多以酸汤为主料的美食来。我们在遵义黔香苑酸汤馆吃到的酸汤圆子火锅，便是用凯里酸汤与鲜肉圆子结合在一起做成的美食。

酸汤分两大类，白酸汤和红酸汤。白酸分为米制白酸和面制白酸；红酸主要分为番茄酸、毛辣角酸、红油酸、辣酱酸、虾酸和臭酸。我总觉得，用番茄经白酒洗过后密封发酵而成的红酸汤应该是最酸的酸汤，因为番茄里面含有苹果酸、柠檬酸等有机酸，比起其他酸里面所含的乳酸，这应当是更好的一种酸了。

丸子粉白相间，颜色细嫩，看着就很新鲜

鲜肉丸子其实就是鲜肉圆子

　　我在镇远和贵阳吃的酸汤都是一桌一个锅底，但在黔香苑酸汤馆却不一样，他家的火锅是一人一个，这种方式十分贴心。一桌人围坐在桌子边，每个人面前都摆着一个小火锅，锅里是红艳艳的酸汤，锅底加热，酸汤翻滚，香气便弥漫在空气里，搅动着每个人的味蕾。这时候，朋友们都停止说话，只顾着把食材往锅里放。

　　我和一位朋友选的是鲜牛肉、鲜肉丸子（其实就是鲜肉圆子）、仔排、莴笋叶、老豆腐、大白菜、龙口粉丝等，还有两位朋友看到了黄辣丁，便点了鱼火锅，除了黄辣丁不同之外，配搭的菜品相差无几。这些菜都特别新鲜，这一点让人惊喜。

丸子在锅里翻滚的过程，也是酸汤的酸香浸入丸子的过程

　　我先将鲜肉丸子放进红酸汤里面，丸子粉白相间，颜色细嫩，看着就很新鲜。它们进到锅里，很快就被红艳的酸汤浸没，汤底几次翻滚过后，鲜肉丸子从锅底浮上来，一股鲜香味也随着丸子的漂浮升腾起来。丸子在锅里翻滚的过程，也是红酸汤的酸香浸入丸子的过程。等到丸子煮熟后，我夹起一个放到嘴边一咬，酸与鲜碰撞出来的一股酸香鲜美的独特味道便在唇齿间蔓延。这是一般高汤煮鲜肉丸子所没有的味道。

　　等到几个鲜肉丸子吃完，我舀了一勺汤喝下，酸汤在嘴里翻滚，细细体味酸鲜味道从舌尖滑过，酸味很正宗，鲜味很强烈，让人回味无穷。

　　店里还有自助蘸料，是吃清淡的，还是香辣的，都随你自己选。当我吃前几个鲜肉丸子的时候，没有用香辣的蘸料，只是为了能够细细品尝鲜与酸的极致碰撞。本打算吃完几个就放一点辣椒，不过后来我竟然没有配香辣的蘸料，而是一直吃清淡酸鲜的味道。要是在平日里，以我这么爱吃辣椒的人，这是无法想象的。

香酥鸭，麻得人唇舌都跳起舞来

店　　名：贵阳但家香酥鸭
地　　址：遵义市红花岗区老城捞沙巷中段
电　　话：0851-28781744
推荐指数：★★★★☆

在贵阳的时候，就有朋友对我说，一定要吃但家的香酥鸭，那是一种麻得让你的唇舌都会跳舞的美食。当时我对这新鲜的比喻很感兴趣。身为四川人，我从小就对麻辣的食物格外青睐，听说有这样一种美食，自然是好奇得很。于是我查了一下但家香酥鸭的资料。

但家香酥鸭始创于 1987 年，注册品牌持有人但忠仁先生在不断探索迎合大众口味的同时更加关注顾客健康，这使得但家香酥鸭的品位与口味不断提高、成熟，并以其香麻酥脆的独特风味博得了广大顾客的青睐。食客们的喜爱和独特美味让但家香酥鸭多次获得贵州省同类食品评比奖项。

我在北方吃过很多鸭子，这些鸭子酥、脆、香、辣，

香酥鸭麻得让人唇舌跳舞

味道丰富，但唯独没有麻的。我想可能是北方不适合吃麻的缘故。我暗暗想，一定要去尝一尝。但直到离开贵阳，我也没有吃到但家香酥鸭。

到了遵义老城，我无意间看到了但家香酥鸭的牌子，而且前面还标注了贵阳但家香酥鸭。且不论到底是不是一家，我自先去吃一吃这能够麻得让人唇舌跳舞的香酥鸭。

远远地就闻到一股香味，还看到门口排起一条长长的队，看前面提着食品袋带着满脸满足的笑容离开的人，不用猜也知道这是在排队买鸭。我们便也站在队伍后面排队。

在排队时，前面的一位等待者回头看我们说，他是在这里工作的贵阳人，酷爱香酥鸭。但之前遵义没有香酥鸭卖，他想吃但家香酥鸭的时候，就要托人从贵阳买了送来。自从这家店开业以后，他自然不会放过这道美食，隔三岔五就会来买一只解馋。说话间，也轮到他买了。小伙子买了一只香酥鸭，一边吃着一边和我们告别。等他走远，我们买的鸭子也剁好了。

装在袋子里的香酥鸭透着一股浓郁的椒麻香，勾得人直流口水。我捏起一块鸭肉放进嘴里，一股淡淡的麻味便在舌尖蔓延开来。随之而来的是浓郁的香气，脆而不焦的口感让味蕾有一种很舒爽的感觉，直到咬到了骨头，依然停不下来。而让人惊喜的是，骨头也被炸得酥脆，甚至可以吃掉呢。嚼骨头的时候，满嘴都是干香，很够味。

连续吃了几块鸭肉，那鲜麻酥脆的味道越来越强烈。等到最后停下来，整个舌尖和嘴唇都已经麻到酥酥的了。我甚至怀疑自己的舌尖和嘴唇被麻到已失去了知觉，但心头充满舒爽，特别满足。我想，这应该就是"麻得舌尖唇齿都跳起舞来"的感受吧。

不得不承认，但家香酥鸭的花椒真的是麻得够劲。我们吃完后，又回去买了一些。这次我向老板要了一包红辣椒面。不知道又辣又麻的味道会是怎样一种舒爽呢？

浓郁的香气，脆而不焦的口感

香酥鸭透着一股浓郁的椒麻香，勾得人直流口水

风味独特的蛋包洋芋

店　　名：捞沙巷小吃店
地　　址：遵义市红花岗区步行街中段
推荐指数：★ ★ ★ ★ ★

遵义是一座红色城市，城市里有一条红军街，在红军街几步之遥的地方，有一条充满市井气息的美食街——捞沙巷。巷子里有各种各样的美食，怪噜饭、炸洋芋、恋爱豆腐、羊肉粉、蛋包洋芋等。

美食多，食客更多，这些食客除了外地来的游客以外，更多的是本地人。他们一旦得知你是外地人，就会热情地告诉你哪一款美食好吃，去哪儿吃，怎么吃。倘若有幸和这些当地食客聊几句的话，很快你就能知道，在让人眼花缭乱的美食中如何挑选最美味的。

在众多的美食中，我很喜欢蛋包洋芋。这是一道有名的遵义小吃，在别处我还未看到有卖蛋包洋芋的，而在捞沙巷小吃店中，蛋包洋芋却是一道很出名的小吃，深受食客们的喜欢。

　　同一种食材，在北方叫土豆，在南方，则称为洋芋。我们在捞沙巷小吃店向老板订了 3 个蛋包洋芋。只见老板现煎鸡蛋，做成很薄的蛋皮。然后炒土豆泥，将土豆泥加上切碎的火腿肠、折耳根，再加上辣椒、孜然等调料后，混在一起炒，炒好之后包进蛋皮里，一个香喷喷的蛋包洋芋就做好了。

蛋包洋芋好吃，除了洋芋的细腻之外，还因为里面加的调料

　　装在盘子里的蛋包洋芋品相十分好，金灿灿的鸡蛋皮分外明亮，在光线的照射下散发着诱人的光泽，让人忍不住想要一品美味。

　　将蛋包洋芋用筷子从中间戳开，就露出炒好的土豆泥，舀一勺土豆泥放进嘴里，那五香麻辣的味道便在口腔里蔓延开来，用舌尖细细品味土豆泥的细滑，是一种无法言说的享受，也可以直接用筷子把它夹起来从一头咬，这样就可以把鸡蛋皮和土豆泥一起咬到嘴里了。鸡蛋皮很薄很细嫩，土豆泥也不粗糙，两者混合在一起，口感细腻绵软，好吃极了。

蛋包洋芋之所以好吃，除了洋芋的细腻之外，还因为里面加的调料。因为蛋包洋芋里面有折耳根，而我又偏偏很喜欢折耳根那独特的香气，所以自然也很喜欢蛋包洋芋。

不过，与我同行的一个朋友是北方人，她完全不能接受折耳根的味道，所以对我赞不绝口的蛋包洋芋碰都不敢碰。这真是应了"我的蜜糖，她的砒霜"那句话。

好在捞沙巷里美食太多，不爱吃这个，还有别的美食供她挑选，串串、罐罐饭、豆花面、抹茶蛋糕、辣鸡米皮……总有一款美食是会让她吃到停不下来的。

鸡蛋皮的制作过程

恋爱豆腐，以爱之名供养你的味蕾

店　　名：捞沙巷小吃店
地　　址：遵义市红花岗区步行街中段
推荐指数：★ ★ ★ ★ ★

在捞沙巷小吃店里，我不但吃到了蛋包洋芋，还吃到了贵阳的名小吃恋爱豆腐。就在我们吃蛋包洋芋时，发现这里还摆放着一个烤炉，烤炉上的案板上有星星点点的小洞，一块块豆腐摆在案板上烘烤着，烤得两面金黄。这就是恋爱豆腐了。

恋爱豆腐，一个多么浪漫的名字，只是听到这个名字就会觉得很温情很美好。我想，全国的美食品种千千万万，能够这样直接用"恋爱"两个字命名的真不多见。而这道美食以"恋爱"为名，倒也是颇有一番来历的。

在20世纪30年代，为了躲避战乱，很多人都跑到乡下彭家桥一带。那里住着一对张姓夫妇，专门以卖烤豆腐为生。逃难的人们到那里，便以张氏夫妇的烤豆腐充饥。

恋爱豆腐

为了方便大家，张氏夫妇研制出在烤好的豆腐中间夹上蘸料的简便吃法。谁知这种烹饪方法一出来，就受到众人的喜爱。一传十，十传百，方圆十里的人们都跑来他家买豆腐吃。

一般人买几个吃完就走，但也有那恋爱的年轻人买了坐下来边吃边聊，卿卿我我，一坐就是半天。久而久之，人们就把这家做的夹蘸料的烤豆腐称为"恋爱豆腐"。后来，战争结束，人们的生活都恢复了正常，但凡是恋爱中的情侣们，还是会来张家吃恋爱豆腐。

有这样一种说法：在贵阳，没有一起吃过恋爱豆腐的人，不能算是在恋爱。只要恋爱的人，两个人必定要一起来吃恋爱豆腐。只是简单的一道烤豆腐，却被赋予了这么温馨浪漫的寓意，成为爱情的象征，想想就觉得美好得很。

我在几十块恋爱豆腐中挑选了两块外形最漂亮的，在这些烘烤的豆腐块中，它们两个烤得火候最好，金灿灿、黄澄澄的，只是看着，就仿佛已经体验到那种焦脆的香味，还没有放进蘸料，我就已经忍不住想要咬一口了。

我忍住馋意，看老板将豆腐从侧面划开，把蘸料灌进豆腐里面，然后递给我。料是用折耳根、苦蒜、葱花、麻油等多种调料做成的，被豆腐的热气熏烤后，便产生一种特殊的香气，使恋爱豆腐的香味更加浓烈起来。

此时的恋爱豆腐已经不再是一块单纯如一张白纸的豆腐了，无论是从内在的食材来看，还是细嗅味道，都已经变得丰富多彩起来。咬一口恋爱豆腐，一股火辣辣、热乎乎的香味充溢满嘴。细细咀嚼，豆腐外焦里嫩，蘸料香香辣辣，味道很是别致。

夏天吃恋爱豆腐适合细嚼慢咽，因为豆腐刚烤制出来，还冒着呼呼的热气。但如果是冬天吃，就是另一番享受了。想想吧，在寒冷的冬天，守着暖烘烘的烤炉，吃着热腾腾、香喷喷的恋爱豆腐，浑身都会感到暖融融的。

吃恋爱豆腐，即使不谈恋爱的人，以爱之名来让舌尖味蕾得到享受，也会感觉到人生的美好。

豆腐摆在案板上烤得两面金黄

酥肉，
红色主题下的儿时
记忆

店　　名：大队长主题火锅（老城店）
地　　址：遵义市红花岗区老城新街 3 楼
电　　话：0851–28630666
推荐指数：★★★★☆

　　　　遵义市是一座有着光荣革命传统的红色之城，城里自然有以红色文化为主题的饮食，大队长主题火锅便是这样一家以红色文化为主题的餐厅。听说这家的酥肉做得极好，于是我们走进了这家餐厅。走进里面发现，这家店的主题是红色，但绝不失时尚潮流，并且把传统和新意融合得极好。

　　餐厅里播放着革命歌曲，特别振奋人心。在这样的氛围下，同行的几位 50 后、60 后的朋友都变得兴致勃勃，他们还没有吃东西，就已经先在精神上得到了享受。70 后的我对红色主题没有太多的记忆，倒是旁边餐桌上的酥肉引起了我的注意，因为那外形太像儿时母亲给我做的酥肉了。

　　到了大队长主题火锅店，当然是要吃火锅了。同行的朋友们点了很多菜品，荤菜、青菜都有。但因当地朋友推荐说这里的酥肉美味，因此我就点了两盘酥肉。

很快，酥肉就端了上来。金黄色的酥肉呈不规则形状，静静地码放在盘子里，冒着热气，散发出阵阵浓郁的香气。从热气和香气上可以看出酥肉是现炸的，新鲜得很。想到这一点，我不由得咽了一下口水。

终于等到老年朋友们都开动了，我便夹起一块酥肉放进嘴里。这时酥肉还是热的，外面那层金黄色的面皮脆而不焦，十分浓香，而里面的肉片已经被炸熟，但因为裹在面里，所以吃不出油炸的味道，只有一股浓郁的肉香。细

金黄色的酥肉呈不规则形状

细嫩的肉味味地冒着油，却一点都不油腻

细咬那肉片，细嫩的肉味咻地冒着油，却一点也不油腻。这就是酥肉最大的特点，浓香、脆香、嫩香集于一身，让人回味无穷。

而这味道，正是儿时记忆中的味道。

儿时，母亲买来五花肉，就会给我们做酥肉来吃。她先将五花肉切成片腌制一会儿，再打个鸡蛋和芡粉调好面糊。然后将肉片放进面糊，直到面糊将肉片全部裹上，这才夹出来放进油锅里炸。

用菜籽油炸出的酥肉又香又脆，有一股属于菜籽油的清香，好吃得很，而且无论你吃多少都不会感觉腻得慌，所以酥肉是我儿时最爱吃的一道美食了。只是后来父亲去世，母亲和我来到北方，没有了做饭的心思，而我也因为北方不产菜籽油而做不成酥肉。一晃 20 年过去了，因为诸多原因，我竟是再也没有吃到过酥肉。

我一边吃酥肉，一边回忆着童年，不知不觉间竟吃掉了两盘。这对平日里用餐量很少的我来说，真是一个奇迹。我想，朋友果然没推荐错，这里的酥肉确实好吃，不仅能触动人的味蕾，还能触动人的心灵。

我想，凡是一个人用餐量少，一定是没有遇到勾起他美好记忆的美食。如果遇到了，不用任何调料，只需凭着美好的记忆就可以下饭的，就如同我吃酥肉一般。

神奇的虫茶

品　　名：虫茶
地　　址：遵义市各茶庄
推荐指数：★ ★ ★ ★ ★

在印尼，有一种猫屎咖啡，它是世界上最贵的咖啡之一。猫屎咖啡最初传到国内的时候，很多国人听说把猫屎收集起来做成咖啡，都很惊奇。其实这些人不知道，把动物粪便收集起来做饮品的可不只有中国人，印尼人也会这样，只不过咱们不是收集猫屎，也不是做成

茶水像陈年葡萄酒，清亮剔透，然是好看

咖啡,而是收集虫屎做成昂贵的虫茶。在 2013 年的茶博会上,虫茶市场价曾标到上万元,单从这一点看来,虫茶是不是比猫屎咖啡还要贵呢?

中国有好几个地方产虫茶,但最著名的虫茶出产于遵义的赤水。我也是在遵义才得知有虫茶这种茶的。当时在茶庄买茶时,老板告诉我那黑色的像炒米一样的东西就是虫茶。老板介绍说:虫茶是我国特有的林业资源昆虫产品,世界上其他地方都没有这种茶,而且这种茶现在已经销往欧美各地了。

老板说着,还热情地拿出虫茶来给我们沏了一壶茶水,让我们品一品这世上少有的特种茶。只见茶叶在茶壶里慢慢浸泡开,不一会儿,茶水就变成了红褐色,像是陈年葡萄酒,透过光线看过去,茶水清亮剔透,煞是好看。抿一口茶水,一股甘甜便在舌尖荡漾开来,将味美可口的茶水咽下,一股清爽也顺着喉咙滑下去。老板说,虫茶有提神解酒、清热祛毒的功效,长期喝虫茶,就会沁润心脾,双目明亮。就像是要应验老板的话一样,一杯茶水喝完,我只感觉浑身都很舒服。

老板请我们喝的还不是上等虫茶,上等虫茶是赤水虫茶。在赤水的大同镇境内,有一个国家级风景区四洞沟。在四洞沟周边的深山里,长着几万株大白茶树。这些树已经有百年树龄,几百年来,人们都是采摘这些树上的茶叶来制作虫茶的。

我一直很好奇,普通茶叶是如何变成虫茶的呢?了解后才知道,每年的谷雨前后,当地人就会采集大茶树上的鲜嫩叶子,用开水稍微蒸煮后晾晒一下,再堆放到木桶里面,然后加水保持湿润。

　　叶子在潮湿的环境中会自然发酵，散发出一股清香的气息。这种清香会吸引一种名叫化香夜蛾的昆虫蜂拥而来。它们在茶叶上产卵，10多天后，卵孵化成幼虫。这些夜蛾幼虫在茶叶上蚕食着清香的茶叶，然后排泄出许多米粒一般大的粪便。人们把粪便收集起来，在阳光下曝晒，再经过高温翻炒，然后加入蜂蜜等东西就制成了虫茶。

　　光是这样还没有完成优质虫茶的制作过程。一份好的虫茶是要经过筛选的。颗粒细圆、色泽黄润的是上等虫茶。上等虫茶用水沏开，茶汤是红褐色的，香气四溢。我喝到的虫茶就是红褐色的，香气四溢，看来虽然不是上等虫茶，但也绝对不是次品。

　　如果说猫屎咖啡是世界上唯一集动植物精华于一体的有机天然咖啡的话，那么虫茶就是世界上唯一集动植物精华于一体的有机天然茶饮。早在清朝年间，人们就将虫茶视为珍品，进贡给乾隆皇帝享用。所以虫茶又叫"珠茶""贡茶""神茶"。

虫茶有提神解酒、清热祛毒的功效

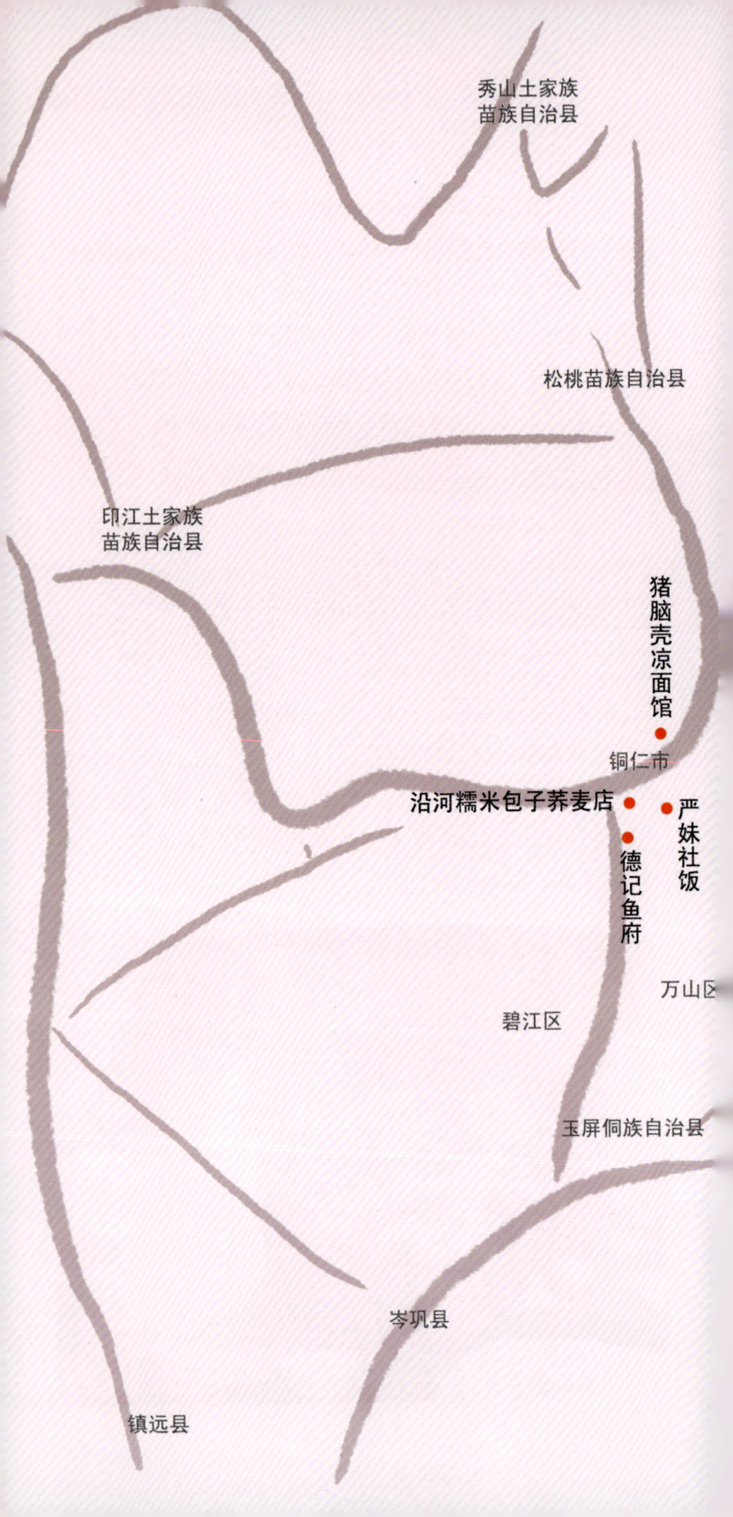

秀山土家族
苗族自治县

松桃苗族自治县

印江土家族
苗族自治县

猪脑壳凉面馆 ●

铜仁市

沿河糯米包子荞麦店 ● ● 严妹社饭

● 德记鱼府

万山区

碧江区

玉屏侗族自治县

岑巩县

镇远县

Part 9

铜仁　青蒿社饭，
白水贡米

　　鲜嫩茁壮的青蒿，绿意盎然的野葱，还有田间沉甸甸的谷穗，是铜仁最美的景色。把这些美色搬上餐桌，便成了铜仁人最得意的美味……

社饭，
传统的春社日美食

店　　名：严妹社饭
地　　址：铜仁市碧江区中华路（近小十字菜场）
电　　话：18785664833
推荐指数：★★★★★

作为贵州省的黔东门户，铜仁市与湖南交界，因此湖南境内有的食材在铜仁境内也有，如青蒿、野葱、糯米等。在湖南，这三种食材可用来做社饭，而在铜仁也是如此。每年立春前后，铜仁境内的漫山遍野便长满了青蒿和野葱。人们提着小篮去采摘青蒿和野葱，为社饭做准备。

在贵州省的其他地方，我从来没有见到有谁会像铜仁市的人这样郑重严肃地过春社日。每年立春后的第五个戊日，是中国传统的春社日。在这日的前三后四天里，铜仁方圆百里的人们纷纷行动起来，准备过社。许多年来，他们一直坚持"挂社"的传统。我问铜仁的当地朋友，如何理解"挂社"这个词，他回答："你可以理解为'故去的人的亲人在三年内每年都会祭祀以示纪念'。"而祭祀用的祭品便是社饭。

到吃社饭的时候，无论餐桌上有多少美味佳肴，每人面前都要有一碗香喷喷的米饭。细看之下，这米饭与家里的白米饭有所不同，里面有腊肉丁、青蒿、蒜苗丁、小葱段，除了这些，还有一些不知名的食材，油油的、绿绿的、香香的，食客们舀一勺米饭放进嘴里，脸上那种陶醉和满足的表情让人充满了食欲。

听着朋友的讲解，我脑海里竟然浮现出那首早就学过的古诗《社日》："鹅湖山下稻粱肥，豚栅鸡栖对掩扉。桑柘影斜春社散，家家扶得醉人归。"

虽然刚吃完饭，但我依然没能抵挡住社饭美味的诱惑，于是坐下来点了一份社饭。

小小的一份饭，里面食材还真是丰富，除了腊肉丁、蒜苗丁，还有花生仁、核桃仁等，米也不是大米，而是糯米和黏米。除了这些食材的香味，还有一种独特的清香味。老板娘告诉我们，这是青蒿味儿，而这正是社饭的精髓所在。

青蒿味儿是社饭的精髓所在

宋代沈括在《梦溪笔谈·药议》中记载："在蒿丛之闲，时有一两株，迥然青色，土人谓之'香蒿'……至深秋，馀蒿并黄，此蒿独青，气稍芬芳。"

此处的香蒿，即为青蒿。它的清香和芬芳，腊肉的熏香、蒜苗的辛香，各种香味混合在一起，难怪社饭会如此香气四溢。

在铜仁市里，有许多制作社饭来售卖的摊店，想要吃社饭，无论你选择哪一家都是一样的。我们选择的是一个市场街口处的严妹社饭。她家其实只是一个摊位，买了可以边走边吃。米饭油而不腻，腊肉香味浓郁，青蒿野葱很清香。当地人都是买了回家，再配上当地的特色食材来炒，口感好得不得了呢！

小小的一份饭，里面食材真丰富

花甜粑，
镶嵌在糕点内部的
美丽

品　　名：花甜粑
地　　址：铜仁市思南县各超市
推荐指数：★★★★★

🥗 ☀ 🅾 ☪ 🌊 ♿ 👫 🅿

　　花甜粑是一种传统糕点，以糯米和大米为食材做成。食材本身并无特色，奇特的是横切开花甜粑后露出来的精美图案，堪称艺术品。这些图案镶嵌在花甜粑的内部，与白色的甜粑天衣无缝地融合在一起，就好像是自然生长在甜粑内部一样。每逢过年的时候，当地人都必须做花甜粑，因为在他们心中，花甜粑预示着吉祥。

　　花甜粑是铜仁市思南县的特产，在当地的超市里，随处可见花甜粑的身影。我刚看到花甜粑时，纳闷了很久，不知道这花纹图案是怎样镶嵌到甜粑内部去的。能够把不同的花纹图案镶嵌到甜粑里，已经很是新奇，而几个、十几个甚至几百个花甜粑是同一种花纹图案，更是让人惊讶。直到后来我们进到制作花甜粑的作坊里，才终于破解了这个谜团。

　　当地人把大米和糯米淘洗干净后舂成米粉，然后将一部分加热打成浆，再把浆与剩下的米粉和成面团。先把面团压成长方形面饼，在上面刷上当地称为"粑粑红"的一种色料，再把面饼卷成长卷。然后用木尺竖着在长卷上压出深印。想要甜粑内部呈现什么样的图案，全在深印的道数上。压几道，怎么压，都有规律，如果乱压一气，那么做出来的花纹图案也是乱七八糟，没有丝毫美感可言。压出图案后，把面卷放锅里蒸熟，就成了花甜粑。取出来切开后，横截面露出来的便是想要镶嵌的花纹图案了。

　　蒸熟后的花甜粑可以直接切开来吃，也可以煎着吃，还可以烤着吃。我吃到的花甜粑是用甜米酒一起来煮着吃的。将花甜粑片以十字刀法切成4块，倒进甜米酒里一起煮熟，然后盛进碗里，在袅袅的甜酒香味中，可见花甜粑浸润在白色的甜米酒中，那鲜红的图案更加明艳，十分漂亮。

　　吃甜米酒煮花甜粑，要先吃一口甜米，让浸润进米饭里的酒香将唇齿舌尖的味蕾打开。然后再夹起花甜粑放进嘴里，在甜酒香味的包裹中，花甜粑绵软柔滑，香甜黏糯，让人回味无穷。制作花甜粑的过程据说要花40多个小时呢。这40多个小时，只为了几分钟的味蕾享受。但只要吃过花甜粑，就一定会觉得那40个小时的付出是值得的。因为花甜粑给人的无论是视觉上的享受，还是味蕾上的享受，都

制作花甜粑

是其他任何一种美食无法相提并论的。

　　每逢过年过节的时候，思南县的乌江两岸，家家户户都忙着做花甜粑，此起彼伏的春碓声是时光岁月中最美的和声，而外形漂亮的花甜粑又是时光岁月中最美的美食艺术品。

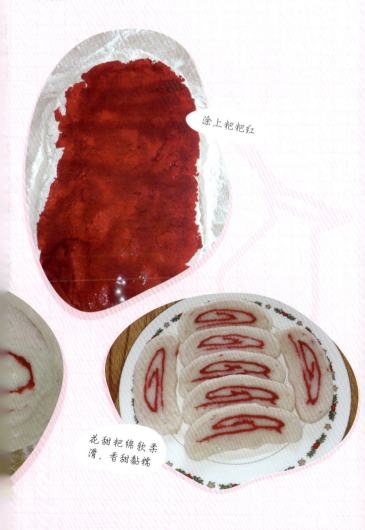

涂上粑粑红

花甜粑绵软柔滑，香甜黏糯

糯米包子，
蒸着吃的"肉汤圆"

店　　名：沿河糯米包子荞麦店
地　　址：铜仁市碧江区清水大道江华步行街
电　　话：15185980328
推荐指数：★★★★★

糯米在铜仁被人们做成了各式各样的美食。在思南县做成花甜粑，在沿河县做成了糯米包子。我在北方生活了近20年，吃过各种各样的包子，唯独没有吃过糯米皮做成的包子。

在铜仁市的沿河县，每逢元宵佳节，土家族的妇女们便忙碌起来，因为她们要准备过元宵节的食品——糯米包子。这一传统食品至今经久不衰，代代相传，备受欢迎。糯米包子因其用料考究，制作精细而深受当地人的喜爱。此外，沿河糯米包子以糯米为主，还有顺气补身的功效，是一种既美观又健康的美食。现在沿河人把糯米包子带到了铜仁市，在那里开设饭店，让外地的食客们也能一品糯米包子的美味。

　　我就是在一家糯米包子店吃到赫赫有名的糯米包子的。当时我们正赶路，错过了饭点儿，有些饿，便一直在路两边搜寻吃的，然后就看到了路边的这家糯米包子店。

　　虽然包子店并没有招牌，十分小，但我们还是决定买糯米包子来果腹充饥。这家店的糯米包子分甜的和咸的两种馅料，一块钱一个，我们两种馅料的各要了4个。我吃了一个咸的糯米包子，又吃了两个甜的糯米包子。包子虽然个儿不大，但这3个包子已经让我吃饱了。从这个角度来说，糯米包子不但是一款独特的民族传统美食，性价比也很高。

　　咸口的糯米包子里面包的是猪肉丁、豆腐干丁、盐菜丝、蒜苗、甜酱，可能还添加了甜酒，因为在浓郁的鲜香中还有一股淡淡的酒香。咸口的糯米包子吃起来脆嫩兼备，

糯米皮做成的包子

我们是土家族过元宵节的食品——糯米包子

油而不腻，很是香软可口。

　　同行的朋友都说咸口的糯米包子好吃，可是我还是更喜欢糯米和糖碰撞结合做成的美味。甜口的糯米包子里面的馅料有芝麻、花生碎、冰糖，用油哨子拌好，吃起来香甜鲜酥，油润醇香，还有一股柑橘的清香。后来我才知道，原来老板将柑橘皮研碎成末加入馅料里，这股清香能够解腻解甜，让口感更加清爽。

　　正因为甜口的糯米包子如此美味，我才一连气儿吃了两个。不过吃包子的时候发生了一点小插曲，吃第一个时，我不知道里面有油哨子，油哨子蒸熟后化成油汤，咬开后会流出来，差点流到衣服上。在吃第二个的时候就注意了这一点。

　　因为是糯米做成的缘故，所以无论是咸口的还是甜口的糯米包子，我总觉得就像是在吃蒸熟的汤圆一样，只不过咸口的是蒸熟的"肉汤圆"，而甜口的是蒸熟的"甜汤圆"。

　　到了铜仁市里，我总在回味糯米包子的美味。当地朋友听说后，便开车带我们去了沿河糯米包子荞麦店，在那里我又品尝到了糯米包子，和之前在街边小店吃到的包子一样美味，朋友说这家的糯米包子味道很正宗，他以前也常来这里吃包子。临走时我们还买了一些糯米包子打包带走，这样，什么时候想吃了，热热就可以吃了。

我是糯米包子，我为雪白代言

在铜仁也能吃到筋道十足的凉面

店　　名：猪脑壳凉面馆
地　　址：铜仁市碧江区清水大道 121 号公园道 1 号（恒基电脑城对面）
电　　话：0856-5594122
推荐指数：★★★★★

凉面，并不是专指某一地区的特色美食，在中国的很多地方都可以看到凉面。我在铜仁只看到

铜仁有一种圆圆的、细细的面条

两家卖凉面的餐馆，而且这两家凉面都名为猪脑壳凉面馆（猪脑壳是一家凉面连锁店）。

我们路过公园道时，看到这家店的凉面招牌。刚开始以为只是一家门面，后来发现里面有位置，环境清幽得很。加上凉面二字勾起东北同行朋友的馋虫，于是大家决定去里面吃一顿，尝一尝贵州铜仁凉面的口感如何，同时也好和东北凉面做一下比较。

店里服务员很热情，上面的速度也很快，不一会儿，服务员就端着 5 碗凉面过来。我们点的都是牛肉面加一个荷包蛋。因此 5 个碗散发着同样的香气。

面条是宽宽的、扁扁的那种，当地朋友介绍说，这是地道的铜仁面，因为它像宽韭菜叶，所以又名韭菜面。朋友说，铜仁还有一种圆圆的、细细的面条，他猜测，如果用那种面来煮凉面的话，一定比现在的宽叶面还要好吃。我倒是觉得这宽宽扁扁的凉面口感不错。

这家凉面馆的凉面品相很好，面条宽扁洁白，在面条上面堆着牛肉片、海带丝、青菜、辣椒酱，这一堆配料的上面是一个大大的荷包蛋。荷包蛋煎得发黄，却丝毫也不老，反而看起来嫩嫩的样子，让人很有食欲。

我在南方吃过很多次面，不过口感都是软软的，到嘴里轻轻用牙齿一碰，就断掉了，很少有北方面条那种嚼劲，更别提像东北凉面那样筋道了。贵州铜仁也属于南方，所以我也以为这面不会很有嚼劲。谁知吃了一口面条后，才发现我的想法是错误的。

面条吃起来像东北那边做的碱水面一样，很筋道，而且还很入味，口感也是清清爽爽的，味道好极了。我和朋友们都没有想到，在铜仁竟然也能吃到如此筋道的凉面，大家都着实惊喜了一下。

牛肉的火候炖得很大，吃起来既有嚼劲，又能够嚼烂，而不是像某些牛肉那样要么嚼不烂，要么入嘴就化掉。面里的牛肉的确是纯正的好牛肉，吃几片就齿颊生香。

荷包蛋很嫩，到嘴就化，只剩下浓郁的蛋香在舌尖荡漾，与牛肉香结合在一起，让味蕾感受一波又一波的香味。

这道凉面里最值得一提的是辣椒酱。铜仁的辣椒酱特别香，却并不十分辣。因为我爱吃辣椒，所以特意多放了一些辣椒酱。它吃起来香辣爽口，滋味十足。吃完面再喝一口汤，汤汁清透却十分入味，很香爽可口。

宽宽扁扁的凉面口感也不错

酸汤财鱼，
迷倒众生的鲜鱼汤

店　　名：德记鱼府
地　　址：铜仁市碧江区百花大道餐饮美食一条街内（鹭鸶岩水厂旁）
电　　话：0856-5756198
推荐指数：★★★★★

铜 仁和贵州别的城市一样，也吃鱼，尤其爱吃酸汤鱼。但在铜仁的德记鱼府吃鱼又和别处不太一样。别处的酸汤鱼都是把鱼切成块，直接放进汤锅里涮熟，然后捞出来蘸着蘸料吃。而在德记鱼府吃鱼，却没有这么简单。

当地朋友听说我们要走了，执意邀请我们吃一顿与众不同的酸汤鱼。德记鱼府在城外，离市区有点远，一般食客们都是自己开车去吃。

酒香不怕巷子深，即使是在郊区，德记鱼府的生意依然火爆得不得了，如果不预订的话，下午去就没有位子了。幸亏我们是上午去的，等我们吃完饭走的时候，看到陆陆续续地上客人了，我们便暗暗庆幸自己来得早，免去等位子的焦虑。我们一共有 8 个人，在老板的推荐下点了一条 3

公斤重的财鱼，还点了几个菜。我看锅巴饭有意思，便又点了一份锅巴饭。

财鱼，其实就是乌鱼，它的皮是黑色的，又称为黑鱼。别看它外貌丑丑的，却是一种营养十分全面的食材，属于淡水名贵鱼类，一直有"鱼中珍品"的称号。

在德记鱼府吃鱼，规格是很高的。首先厨师会把这条鱼做出好多菜品：鱼花、鱼片、鱼皮、鱼面、鱼丸、鱼排、鱼肠等。厨师的刀工极好，鱼花做出来很漂亮，完全看不出是用黑不溜秋的乌鱼做成的。朋友说，之所以做成鱼花，不只是为了好看，还为了入味。

锅底是用鱼头和鱼尾熬成的，汤开锅之后，飘出很浓香的味道。大家先把鱼花放进锅里烫熟，便可以开吃了。和别处一样，在这里吃鱼也配有蘸料，这里的蘸料有贵州其他地方蘸料的特点，也有与它紧邻的四川和湖南的蘸料

鱼花肉质很细嫩，味道很香浓

一锅酸汤财鱼吃
下来，所有的食
客们都被迷倒了

特点，所以味道特别好。

　　捞出鱼花在蘸料里过一下再吃，肉质很细嫩，味道很香浓。吃完鱼花，再吃鱼片和鱼皮。同吃鱼花一样，鱼片很细嫩，没有刺，不用担心被扎伤，所以可以大快朵颐。而鱼皮则是糯糯的口感，很别致。

　　鱼丸和鱼肠的吃法和一般吃法差不多，不过一定要记住，吃乌鱼丸和鱼肠时，不用蘸蘸料，只吃它们的原味儿就已经很香了。如果蘸蘸料的话，反而将它们的原味儿盖下去了。

　　在众多的菜品中，鱼面也是很好的一道菜品。鱼面其实就是鱼滑，只不过在铜仁那边它就叫鱼面。鱼面下锅之前，挤成细细的一条条，像是面条，下锅煮熟后捞出蘸蘸料吃，很香滑，很细嫩，很美味。

　　一锅酸汤财鱼吃下来，所有的食客们都被迷倒了。纷纷叹息知道得太晚，不知道下一次何时才能再到铜仁，再吃一顿酸汤财鱼呢！

牛干巴，
可以带着走的美味

品　　名：牛干巴
地　　址：铜仁市各超市
推荐指数：★★★★★

离开铜仁时，我带了当地的一种特产——牛干巴。据说牛干巴最早由云南人发明的，居住在云南的回族人在每年秋冬季节选取肥壮牛肉身上的优质肉，并加入各种调料，采用腌制、晾晒、风干等加工方法制作而成的一种牛肉食品。

因为这种牛肉能够长时间保存，并且十分美味，所以深受当地人的喜爱。人们不但自己吃，还送给亲戚朋友，时间一长，牛干巴便流传到与云南紧邻的贵州和四川等地。只是吃已经不能满足喜欢美食的贵州人和四川人的需求，于是他们也学着做。所以现在四川和贵州都有牛干巴这种美食。

贵州铜仁的牛干巴虽然是从外地流传过来的加工技术，但它比一般的牛干巴要优质美味很多。因为铜仁市的牛干

一口牛干巴一口啤酒，有滋有味

一份上乘的牛干巴颜色暗红，干干爽爽

巴是采用江口县本地黄牛肉制作而成的。江口县境内有著名的梵净山，这里因气候宜人、雨水充沛、环境优良等因素被联合国列为一级世界生态保护区。在梵净山脚下，人们养殖牛羊，然后用优质的鲜牛肉为主料，配以白酒、花椒、植物油、白糖、盐等调料腌制，然后再通过晾晒、风干等传统工艺精心烹制而成。

　　我是在铜仁的超市里买到牛干巴的。一份上乘的牛干巴颜色暗红，干干爽爽。吃的时候可以油炸，也可以爆炒。我是用来油炸兼爆炒的。将牛干巴切成薄厚适中的片，再放进热油锅里翻炸一会儿，然后加入辣椒爆炒，这样做出来的牛干巴香气四溢，吃起来松软适度，却又很有嚼劲。

　　但很快我就发现，这样做出来的牛干巴放凉之后口感就会变得很硬，完全嚼不动。于是我再吃牛干巴的时候，便用油淋的方法。将牛干巴放进锅里炸好，然后连油带牛干巴一起倒进容器里，现吃现从油里面捞，这样牛干巴就会一直保持柔软的口感，而且也始终香喷喷的。

　　我还把牛干巴送给朋友们品尝，他们按照我这个方法来做牛干巴，纷纷称赞牛干巴好吃。直到现在，他们还总是会念叨起肉酥味香的牛干巴呢。

现吃现从油里面捞，这样牛干巴就会一直保持柔软的口感

通过晾晒、风干等传统工艺精心制成的牛干巴

美食索引

图书在版编目（CIP）数据

寻味贵州 / 梦芝著. — 北京：北京出版社，
2016.9
ISBN 978-7-200-12359-3

Ⅰ. ①寻⋯ Ⅱ. ①梦⋯ Ⅲ. ①旅游指南—贵州②饮食
—文化—贵州 Ⅳ. ①K928.973②TS971.202.73

中国版本图书馆CIP数据核字(2016)第191362号

寻味贵州
XUNWEI GUIZHOU

梦芝 著

*

北 京 出 版 集 团 公 司
北 京 出 版 社 出版
（北京北三环中路6号）
邮政编码：100120

网　　　址：www.bph.com.cn
北 京 出 版 集 团 公 司 总 发 行
新 华 书 店 经 销
北 京 天 颖 印 刷 有 限 公 司 印 刷

*

889毫米×1194毫米　32开本　7印张　150千字
2016年9月第1版　2016年9月第1次印刷
ISBN 978-7-200-12359-3
定价：39.80元
如有印装质量问题，由本社负责调换
质量监督电话：010-58572393